W0353708

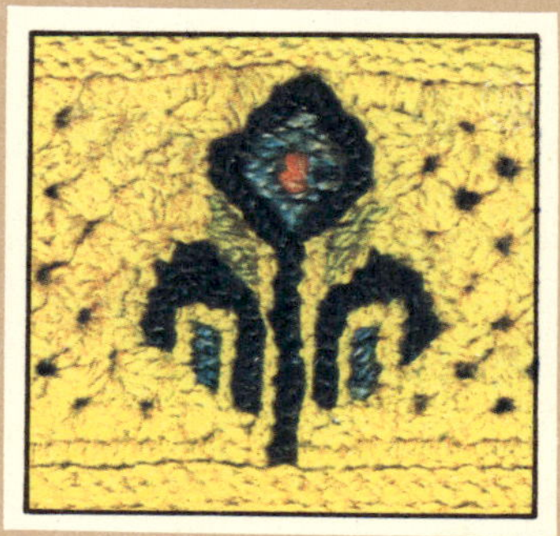

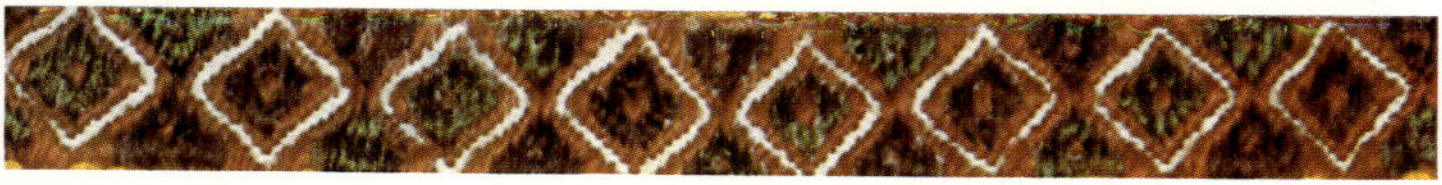

Schöne Volkskunststickereien

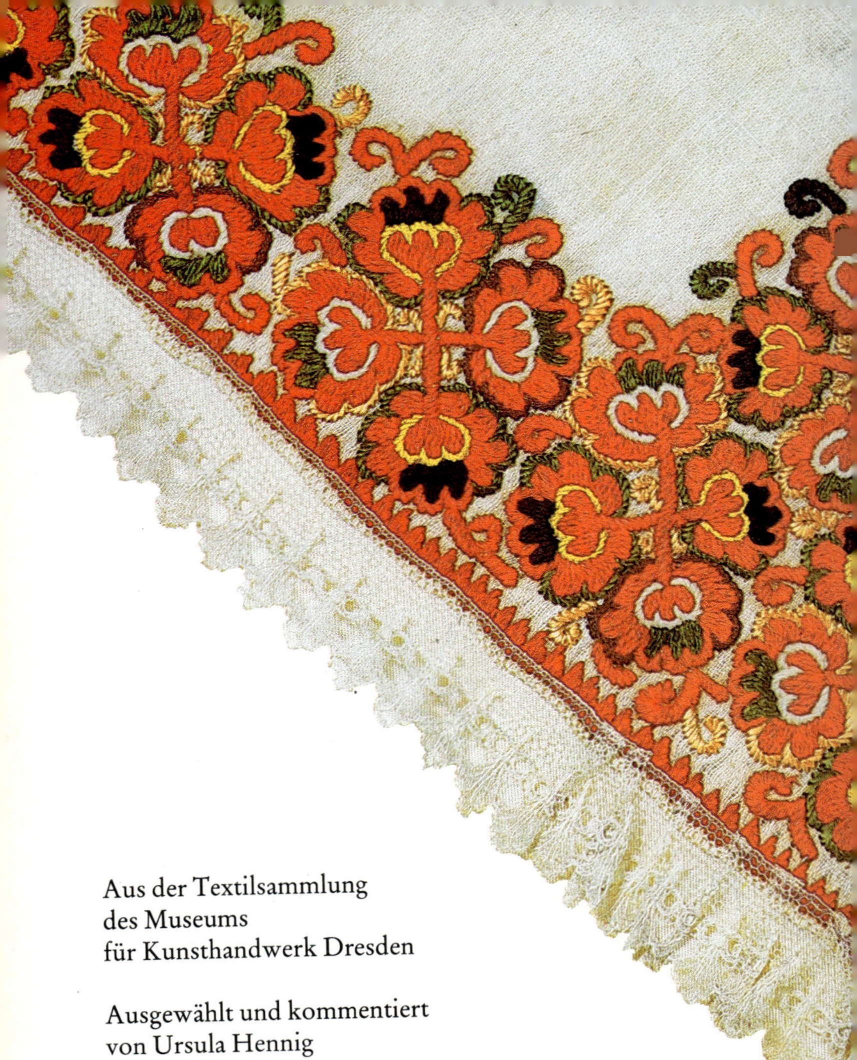

Aus der Textilsammlung
des Museums
für Kunsthandwerk Dresden

Ausgewählt und kommentiert
von Ursula Hennig

Verlag für die Frau Leipzig

Schöne Volkskunst-stickereien

Schöne Volkskunststickereien : aus d. Textilsammlung
d. Museums für Kunsthandwerk Dresden / ausgew. u. kommentiert
von Ursula Hennig. – 1. Aufl. – Leipzig : Verlag für die Frau, 1987.
– 96 S. : Ill. (z. T. farb.) Textile Kostbarkeiten
ISBN 3-7304-0130-0
NE: Hennig, Ursula [Mitarb.]; GT

ISBN 3-7304-0130-0

1. Auflage 1987
© Verlag für die Frau, DDR Leipzig 1987
Typographie: Lore Jacobi
Zeichnungen: Anita Hannig (nach Vorlagen der Autorin)
Fotos: Heinz Schütze
Druckgenehmigungsnummer: 126/405/17/87
Satz, Druck und buchbinderische Verarbeitung:
Offizin Andersen Nexö, Graphischer Großbetrieb Leipzig III/18/38
Printed in the German Democratic Republic
LSV 9259
Bestellnummer 672 5269
01780

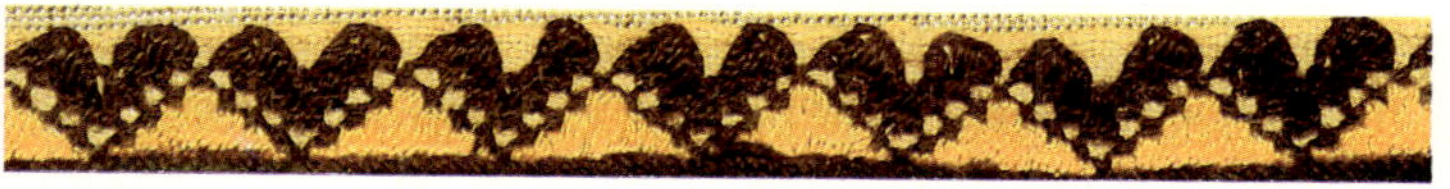

Inhalt

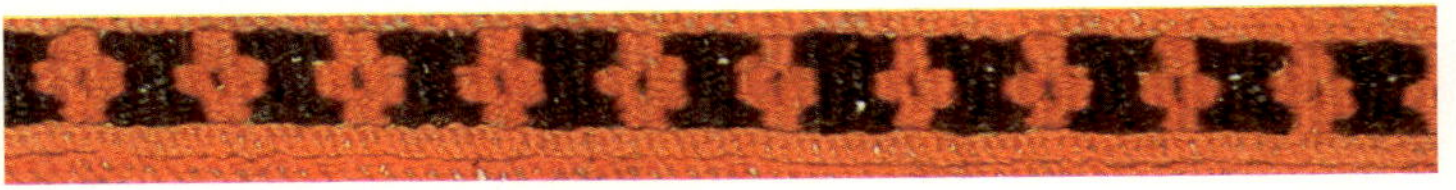

Wir danken den Staatlichen Kunstsammlungen Dresden für die freundliche Unterstützung dieses Vorhabens.

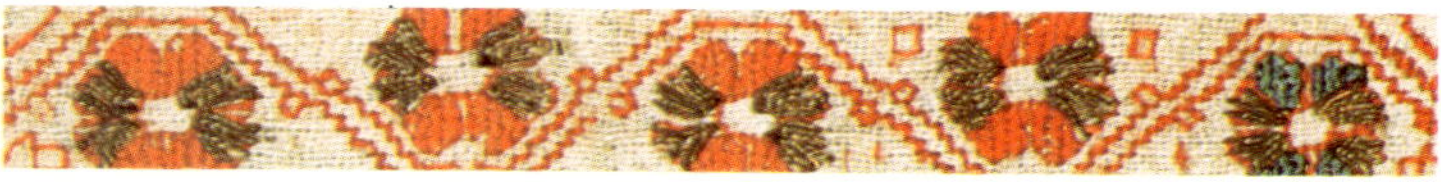

Bunte Vielfalt der Trachtenstickerei

Stickerei war und ist in bestimmten Gebieten ein unerläßlicher Teil der Volkskultur. Besonders die Slawen gehören zu den stickereiliebenden Völkern, wie die vielen erhalten gebliebenen Volkskunststickereien bezeugen. Gestickte Kleidung, die für festliche Anlässe bestimmt war und meist recht viel Arbeit und Zeit beanspruchte, erfreute sich bei Frauen und Männern gleichermaßen großer Beliebtheit.

Die bunte Vielgestaltigkeit an Formen und Arten, mit der die slawischen Völker auf dem Gebiet der Stickereien aufwarten, kann auch bei sorgfältigster Auswahl nicht annähernd erschöpfend dargeboten werden. Vorliegende Darstellung beschränkt sich darauf, die auffälligsten und bekanntesten Typen in einer thematischen Auswahl vorzuführen.

Wie reich das vorhandene und erfaßte Material in Museen und Sammlungen ist, läßt sich schon allein daraus ersehen, daß z. B. im Slowakischen Nationalmuseum in Martin mehr als 30000 Trachten, Stickereien und andere Textilien aufbewahrt werden. In der Textilsammlung des Museums für Kunsthandwerk Dresden, die ursprünglich als Anschauungsmaterial für die Kunstgewerbeausbildung bestimmt war, nehmen die 600 volkstümlichen slawischen Stickereien nur einen ganz kleinen Teil ein, aber sie waren doch für die Zeit vom Ende des 19. Jahrhunderts bis Anfang des 20. Jahrhunderts für die Ausbildung der Textilgestalter von Bedeutung.

Slawische Stickereien

In den 70er und 80er Jahren des 19. Jahrhunderts wurde es Mode, Stickereien und Gewebe aus slawischen Ländern, besonders aus Gebieten der damaligen österreichisch-ungarischen Monarchie (auf die wir uns hier beschränken wollen), wie z. B. der Slowakei, Kroatien und Slowenien, als Reiseandenken mitzubringen. Dadurch wurden diese wunderschönen Trachtenstickereien in Europa allgemein bekannt. Es ist die klassische Einfachheit der Muster und Motive, die Reinheit und Fülle der Farben, die Vielfalt der Techniken, die wir an diesen Stickwerken bewundern. Der Grundsatz der alten Stickerinnen war: »Weniger, aber gründlich und schön«.

In keinem Staate spielte die Hausindustrie eine so wichtige Rolle wie im Vielvölkerstaat der ehemaligen österreichisch-ungarischen Monarchie, wo Hunderttausende der Bevölkerung, sogar ganze Landstriche davon ihren Lebensunterhalt bestritten. Auf dem Dorfe beschäftigte man sich nur im Winter damit, wenn die Feldarbeit ruhte.

Die Stickereien der älteren Hausindustrie beschränkten sich auf Bekleidungs- und Wäschestücke. Sie wurden in den meisten Fällen ohne Vorzeichnung und bloß in Erinnerung an beliebte Stickmuster bzw. an Naturformen geschaffen. Die meisten Muster vererbten sich durch viele Generationen und nahmen so allmählich ein für ein Gebiet kennzeichnendes Gepräge an. Bestimmte Verzierungsmotive sind besonders beliebt und werden in unerschöpflicher Fülle und Variation, wie in einem Kaleidoskop, immer wieder andersartig zusammengestellt und wiederholt.

Ein typisch slowakisches Ornament ist die Kombination der dreiteiligen Blütenstiele mit Tulpen oder Tulpenformen (Abb. 8,9). Das Motiv der Vogel- oder Pfaufigur ist seit dem Mittelalter ein weitverbreitetes Stickereimotiv. In den Dörfern Südmährens wird der Vogel immer im Flachstich gearbeitet und drei- oder mehrfach in einem Streifen wiederholt (Abb. 6,10,11), wobei die ursprüngliche Vogelfigur bis zur gebrochenen Linie vereinfacht wird. Die Abstraktion geht sogar soweit, daß der Vogelkörper nur als Schrägstrich stehenbleibt (Abb. 12).

In Syrmien (einer Tiefebene Jugoslawiens) werden kleine oder größere stilisierte Blumengruppen, die immer gebogte oder fächerartige Blütenformen und große Blätter haben, dicht neben- und aneinandergestellt (Abb. 38, 40 bis 43). Diese Kombination von Blüten, Rosetten und Blättern ist für die syrmische Buntstickerei, für die Trachtenstickerei, typisch geworden.

Die Tracht war die Bekleidung, die der werktätige Mensch seiner Herkunft und seinem Stand gemäß trug. Es bestand immer ein grundsätzlicher Unterschied zwischen Arbeits- und Festtagstracht bei Frauen und Männern. Noch im Laufe des 19. Jahrhunderts haben sich hier eigenständige Trachtentypen herausgebildet. Nach der Besserung der wirtschaftlichen Lage der Landbevölkerung in der ehemaligen österreichisch-ungarischen Monarchie nach 1848 (Aufhebung der Leibeigenschaft und Übergang von der extensiven zur intensiven Landwirtschaft) wetteiferte die Dorfbevölkerung, besonders die weibliche, untereinander um die schönste Ausgestaltung ihrer Festtagstracht.

Die Tracht wird durch Material, Schnitt, Farbe und Ausschmükkung bestimmt. Die Stickerei hat dabei die größte Bedeutung, sie verbindet die einzelnen Teile der Tracht durch gleichartige Techniken und Farben zu einer stilistisch abgestimmten Einheit. Die Stikkerinnen verließen niemals die traditionellen Grundformen und Techniken, die in ihrer Komposition das Wesen der Trachtenstikkerei bilden. Aber es war für eine Stickerin auch selbstverständlich, jedem Stück wenigstens durch Kleinigkeiten eine eigene, eine persönliche Note zu verleihen. Mit der Zeit führten diese künstlerischen Bestrebungen, auch bei Einhaltung der Tradition, zu den verschiedensten Varianten der reich ausgestatteten Trachten, die bei festlichen Anlässen im Dorf zum Gegenstand allgemeiner Bewunderung wurden.

Die Erfindungsgabe und die Geschicklichkeit ihrer Schöpfer und Träger führte zu einer außerordentlichen Differenzierung nach Gebieten, Tälern, Pfarrsprengel u. ä., die soweit ging, daß am Ende des 19. Jahrhunderts fast jedes Dorf seine eigene Tracht besaß. In Südostmähren beispielsweise bildeten sich auf einem engen Gebiet von etwa 60 bis 80 km Ausdehnung 28 Trachtentypen mit einer ganzen Reihe von Abarten heraus (Ausschnitte auf den Abbildungen 5, 6, 8 bis 25). Diese Trachten sind heute, da die Arbeitsbedingungen und die Lebensweise sich mit der Industrialisierung änderten, von konfektionierter Kleidung verdrängt worden, doch sie bleiben ein spezifischer Bestandteil der Nationalkultur der ČSSR. Seit 1946 werden jährlich in Südostmähren in Strážnice, Kreis Hodonin, Volks- und Trachtenfeste gefeiert.

Die Kunst des Stickens ist aus dem Bedürfnis hervorgegangen, die Einförmigkeit der Fläche durch Verzierung zu unterbrechen und zu gestalten. Wir bewundern heute neben der vollendeten und mustergültigen Ausführung auch den ausdauernden Fleiß der Stikkerinnen. In den stickbeflissenen Dörfern wurde die Fertigkeit im Sticken ebenso selbstverständlich erwartet wie die Geschicklichkeit im Kochen, bei der Feldarbeit oder beim Tanz. Wie die Arbeiten in Haus, Hof und Feld mußten die Bauernmädchen auch das Sticken erlernen. Meistens begannen sie im Alter von 6 bis 7 Jahren damit, denn gut ausgeführte Stickereien erfordern langjährige Übung, Erfahrung und geduldige Arbeit. Durch ungleiche Begabung und unterschiedliche Begeisterung für die Stickerei bildete sich auch im einzelnen Dorf der große Variantenreichtum der Volksstickerei heraus.

Nun noch einige Worte über die Technik der slawischen Stickereien. Wohl gibt es typisch slawische Stiche und Muster, die in diesen Gebieten bevorzugt werden, doch sind sie keinesfalls nur dort verbreitet. Die Motive, aus denen sich die Stickmuster zusammensetzen, sind zum wesentlichen Teil nicht ausschließlich Eigentum der einzelnen slawischen Völker, sondern haben vieles miteinander gemeinsam. Typisch sind die eigenartige Formgebung der Motive und die aus diesen Motiven nach nationalen Gesetzmäßigkeiten aufgebauten Verzierungen der einzelnen Elemente und ihre Verschmelzung zu einem Muster.

Die Stickereien bedecken teils den Stoffgrund vollständig, teils lassen sie ihn in seiner Farbe an der Ornamentierung mitwirken (Abb. 5). Ein wichtiges Merkmal besteht darin, daß die kräftigsten und gegensätzlichsten Farben untereinander abgestimmt sind. Kontraste werden auch durch Verwendung verschiedener Techniken und durch Anordnung der Stiche in verschiedenen Richtungen gemildert. Gerade die wechselnde Stichlage des slawischen Zopfstiches macht ein Muster so ausdrucksvoll (Abb. 25, 39).

Charakteristisch für mährisch-slowakische Stickereien sind die schmalen Borten für Kragen, Achsel und Achselschluß. Der Grund des Musters ist meistens im schönsten Goldgelb gehalten und in einem eigenartigen Stich, entweder mit dem slawischen Doppelschlingknoten oder mit dem Bombenstichknoten, gearbeitet (Abb. 6, 8 bis 12, 13).

In Dalmatien (Jugoslawien) ergab die zweistreifige Ausführung geometrischer Motive, wie Rhombus, achtzackiger Stern, schiefes oder aufrechtes Kreuz, Doppelhaken u. a., eine besondere Wirkung in der Mischung von zierlichen Ornamentstreifen im feinsten »augenmörderischen« Schnurstich unter die kräftigeren Hauptmotive (Abb. 32). Der Grund wurde vollständig gefüllt, meistens im Gobelin- und geraden Stich (Abb. 32, 33).

Neben den speziellen slawischen Sticharten, d. h. Syrmischer Stickerei, schrägem Festonstich als Doppelreihe, dem Okastich oder den vier Arten der slawischen Knotenstiche, wurden auch sehr viele allgemein verbreitete Sticharten angewandt. Diese Stiche, wie Platt-, Kreuz-, Stepp-, Stiel-, Ketten-, Kelim-, Langetten-, Linien- (Holbein-), Kästchen-, Gobelin- und Webstich, sind Gemeingut der Stickerei und werden deshalb hier in ihrem Wesen und in ihrer Technik als bekannt vorausgesetzt.

Von den slawischen Schlingknoten sind nur zwei Arten, der Doppelschlingknoten und der Bombenstichknoten, und bei der syrmischen Stickerei nur die Buntstickerei in der Dresdner Textilsammlung vertreten.

Von den allgemein verbreiteten Sticharten sollen als Beispiel slawischer Zopfstich, russischer Zopfstich, Maschen- und linker Maschenstich (weil sie weniger geläufig sind) in der Technik der Sticharten mit aufgeführt werden.

Technik slawischer Sticharten

1. Slawischer Zopfstich

Der slawische Zopfstich, auch bekannt unter einfacher Flecht- oder Zopfstich, ungarischer, griechischer oder zweikreuziger Zopfstich, ist der einfachste dieser Art und ein verhältnismäßig schnell auszuführender Stich. Dieser Zopfstich geht rascher vonstatten als der gewöhnliche Kreuzstich, aber er kann nach den allgemeinen Kreuzstichvorlagen gearbeitet werden.

Er kam in der mährisch-slowakischen, ungarisch-slowakischen und in der kroatisch-slowenischen Hausindustrie vor, aber er wurde natürlich auch in anderen europäischen Ländern sehr oft gearbeitet, deshalb auch die verschiedenen Bezeichnungen. Er besteht aus abwechselnd kurzen und langen Schrägstichen, die sich zopfartig kreuzen und eine etwas erhöhte Flechtreihe bilden. Sie werden reihenweise ausgeführt, die Muster können aus nur waage-

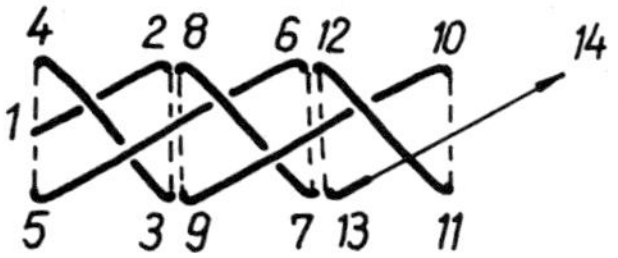

rechten oder aus nur senkrechten Reihen gebildet werden oder kombiniert (typisch slawisch) aus solchen nach beiden Richtungen. Die Rückseite zeigt senkrecht nebeneinanderstehende Doppelstiche, die typisch für die echten Zopfstiche sind.

2. *Russischer Zopfstich*

Der russische Zopf- oder Flechtstich, auch doppelter Flecht- oder Zopfstich und vierkreuziger Zopfstich genannt, wird im Prinzip wie der slawische Zopfstich gearbeitet, nur liegen bei diesem Stich die sich kreuzenden längeren und kürzeren Stiche durch größere Schräglage vierfach übereinander. Durch die dichten, erhabenen Stiche kann er gut als Linie oder Kante einzeln stehen oder als Begrenzung von Durchbrüchen verwendet werden. Die Rückseite zeigt ebenfalls senkrecht nebeneinanderstehende Doppelstiche.

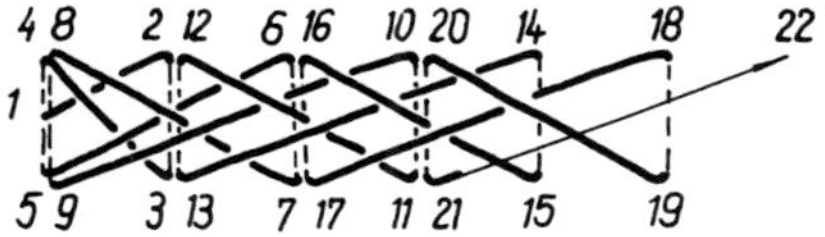

3. *Maschenstich*

Der Maschenstich gehört zur Gruppe der Winkelstiche und ist ein fortlaufend gestochener Zickzackstich. Er wird zu Ornamentstreifen (slawische Volkskunst) oder als Füllstich für Flächenmuster verwendet.

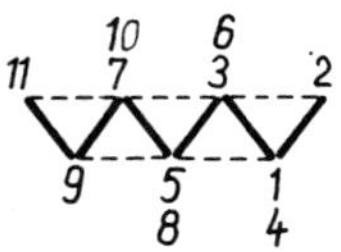

4. Linker Maschenstich

Der linke Maschenstich oder versetzte Stielstich wurde wie auch die Doppelreihe aus schrägem Festonstich in der mährisch-slowakischen Stickerei sehr oft zur Umrahmung des Mittelstreifens bei Halsbündchen und Manschetten verwendet. Er ist eine Variation vom Stielstich, der Stickfaden wird auf der gleichen Linie abwechselnd nach oben oder nach unten gelegt (Abb. 6, 10, 16, 17, 21).

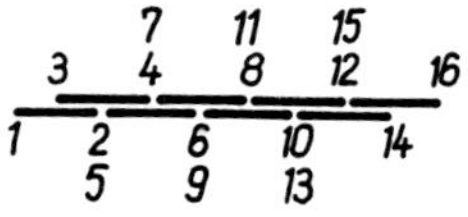

5. Die slawischen Schlingknoten

In westslawischen Gebieten, besonders in der Südslowakei, wurden bei Kragen-, Achsel- und Manschettenstickereien vier verschiedene Knotenstiche verwendet. In der Regel wurden sie als Kontraste, als Flächenfüllung mit reliefartiger Wirkung neben flacher Musterstickerei angewandt.

Slawischer Schlingknoten

Der slawische Schlingknoten oder einfache slawische Schlingknoten (knoflíček) wird aus einer einfachen Fadenschlinge gebildet und in waagerechten Reihen in versetzter Anordnung ausgeführt. Die auf- oder abwärts gerichteten Schlingen müssen die gleiche Richtung beibehalten, die Schlingen werden immer in senkrechter Richtung gegen den Stoff festgezogen. Durch die dicht beieinanderliegenden Aus- und Einstiche kann dieser Schlingknoten mit starkem Faden den Grundstoff vollständig knötchenartig bedecken, mit feinem Material wird eine netzartige Wirkung erzielt.

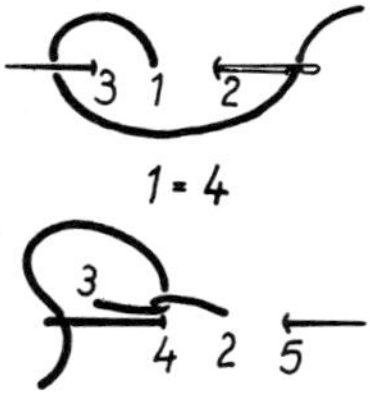

Slawischer Doppelschlingknoten

Der slawische Doppelschlingknoten oder erhöhte Schlingknoten (vyplňováni knofličkové) ist der am meisten angewandte Knotenstich, er wird in schrägen Reihen gearbeitet. Durch zwei kreuzweise übereinandergelegte, festangezogene Schlingen hat er die Form eines Kreuzknotens. Die Schlingenlage und das Durchziehen des Fadens durch die untere Schlinge muß bei allen Knoten gleich bleiben, damit die Knötchen nicht verschieden werden. Die Schlinge muß senkrecht vom Stoff ab festgezogen werden, um so die Spannung in die Mitte des Knotenstiches zu legen. Mit sehr fest angezogenem Faden erhält die Grundfläche den typischen durchbruchartigen Charakter (Abb. 8, 10 bis 13, 19 bis 21).

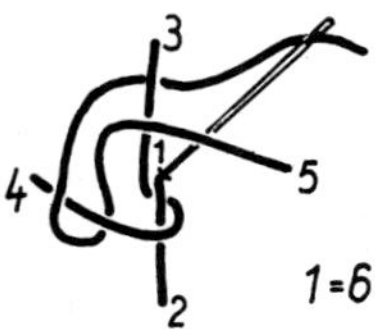

Bombenstichknoten

Der Bombenstichknoten ergibt einen reliefartigen, durchbrochenen Grund, wenn mehrere Reihen nebeneinander gestickt werden. Durch das wiederholte Einstechen in die gleichen Stellen bilden sich größere Löcher. Er wird wie der Doppelschlingknoten in schrägen Reihen gearbeitet, an zwei Stellen stößt er direkt an den ersten Knoten an, die Stiche haben die gleichen Einstichstellen. In der Regel wird er mit dem Kästchenstich zusammen gearbeitet, um einen organischen Übergang zum flach gestickten Muster herzustellen.

Der Bombenstichknoten besteht aus drei Reihen sternartig angeordneter und direkt übereinanderliegender Schlingstiche. Jeder Stich greift über vier Gewebefäden und die Ausführung erfolgt quadratisch. Von einem Mittelpunkt aus stickt man ein Kreuz, nach vier Richtungen werden Schlingstiche gebildet und der Faden wird jedesmal so angezogen, daß die Schlinge nach der Mitte gleitet. Über dieses Kreuz wird eine zweite Runde gearbeitet, bei der man über jeden Schlingstich der ersten Runde zwei Schlingstiche macht, mit denen sie gemeinsame Ein- und Ausstichpunkte haben. Um den Kreis zu schließen, wird vom letzten Stich aus die Nadel von außen nach innen durch die erste Schlinge der Runde und dann durch den Mittelpunkt nach der Rückseite geführt. Diese zwölf nach der Mitte zu angezogenen Schlingstiche bilden einen erhöhten Ring. Ist der Ring nicht hoch genug, wird eine zusätzliche Schlingreihe direkt darüber gearbeitet. Der Faden wird dabei nur durch die vorher gefertigten Schlingen und nicht durch den Stoff geführt (Abb. 6, 9).

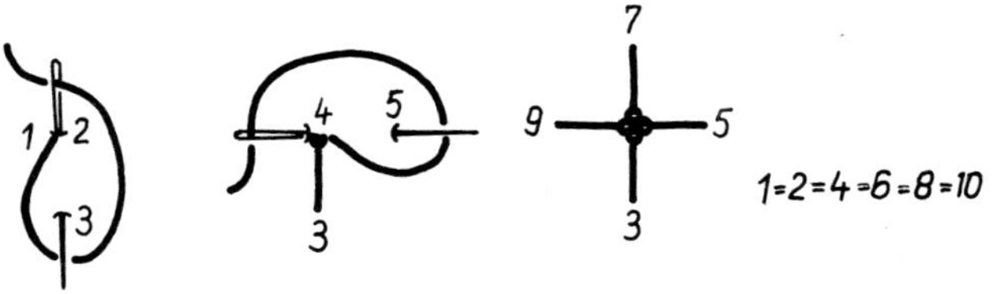

Bombenstich

Der Bombenstich (bumbrlíček) oder runde Bombensticheffekt ist ein hoher knopfartiger Schlingknoten aus weichem Stickmaterial.

Im Unterschied zu den anderen drei Knotensticharten ist er nicht gewebegebunden. Als Flächenfüllung wäre er zu plump, er wurde meistens zu Reihenfüllung und als Knopf verwendet.

Der Bombenstich ist ein kreisförmiges Gebilde aus quadratisch angeordneten einfachen Stichen, mit mehreren Einflechtungen im Wellengang und mit abschließender Schlingstichrunde. Vier gleich lange Stiche geben den Grund für die Umwicklungsrunden. Jeder Stich wird einmal im Wellengang locker aufgefaßt; dies so lange, bis ein hoher Ring entsteht (ca. 3 bis 4 Runden). Als Abschluß wird der Ring von außen nach innen dicht mit Schlingstichen überarbeitet, aber ohne den Stoff mitzufassen.

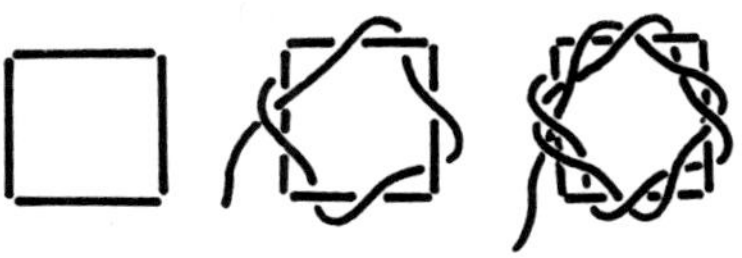

6. *Spezielle slawische Sticharten*

Okastich

Der Oka- oder Augenstich stammt aus der ungarisch-slowakischen und mährisch-slowakischen Hausindustrie. Er ist ein lockerer Füllstich und eignet sich gut für geometrische Motive, meistens Streifen, Dreiecke und Zacken.

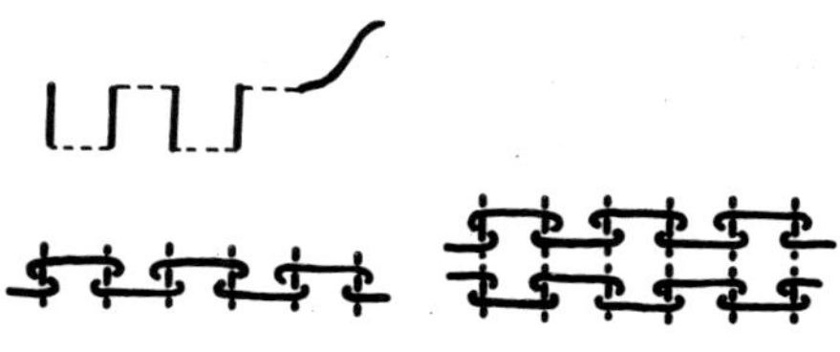

Die Ausführung erfolgt für eine Musterreihe in zwei Arbeitsreihen. Zuerst werden kurze senkrechte Spannstiche von gleicher Größe und Entfernung gearbeitet. Im Flechtgang werden sie, ohne den Stoff zu durchstechen, im gleichen Rhythmus umflochten. Der zweite Flechtgang erfolgt spiegelbildlich, so daß sich zwischen den Stichen und Flechtlinien kleine Lücken, die »Augen«, bilden (Abb. 15, 27).

Schräger Festonstich
In der mährisch-slowakischen Stickerei wird sehr oft zur Umrahmung des Hauptmusters bei Halsbündchen und Manschetten der Festonstich angewandt. Der Festonstich ist eine halbe Schlaufe, die unten rechts fixiert wird. Als slawische Besonderheit ist zu verzeichnen, daß er immer schräg und in einer Doppelreihe gearbeitet wird. Bei der unteren Hinreihe, von links nach rechts, wird der Schlingstich immer von links oben nach rechts unten geführt, d.h. um einen Webfaden nach rechts verschoben. Für die Rückreihe wird die Arbeit gedreht und dann wie die Hinreihe gearbeitet (Abb. 5, 8, 9, 11 bis 13, 19 bis 23).

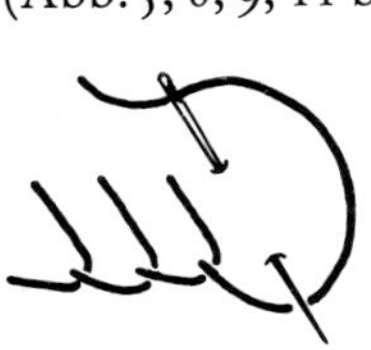

Syrmische Stickerei
Die syrmische Stickerei, so genannt nach der Landschaft Syrmien in Südslowenien (Jugoslawien), wird vorzüglich dort ausgeübt. Als plastische Weißstickerei (Leib- und Bettwäsche) auf Hausmacherleinen kombiniert sie drei Sticharten: Für die Fläche wird der Wellenstich, für Linien, Punkte und kleine Musterungen wird der syrmische Stich in zwei verschiedenen Varianten verwendet. Für die

Buntstickerei (Trachten, Schultertücher, Hauben u.a.) auf Baumwolle wird nur der gerade syrmische Stich genommen. Die Muster werden meistens in einer anderen Farbe mit Stielstichkonturen eingefaßt (Abb. 38, 40 bis 43).

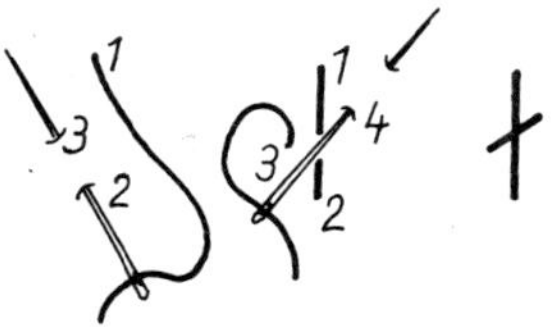

Der syrmische Stich wird in zwei Varianten gearbeitet. Dicht gespannte senkrechte Fäden werden in der Mitte durch einen kleinen Querstich überfangen. Er nimmt bei den kurzen Stichen (bei der Buntstickerei wird nur dieser verwendet) genau die Mitte ein und wird im Unterschied zum Renaissancestich gerade ausgeführt. Bei den etwas längeren Stichen wird die Nadel nicht in der Mitte, sondern schon in etwa einer Viertellänge des senkrechten Stiches leicht gewellt nach außen geführt.

Der Wellenstich (bei Stiasny und Schöner auch als syrmischer Stich bezeichnet) ist eigentlich ein Linienstich, er wird aber durch die eng untereinander und versetzt gearbeiteten Reihen zum Füllstich. Gestickt wird nach dem Fadenlauf und in zwei Arbeitsgängen. Die Hinreihe besteht aus über zwei Webfäden ausgeführten Vorstichen, diese Stiche werden dann zurückgehend im Rhythmus der Wellenlinie locker durchzogen, ohne dabei den Stoff zu durchstechen. Die kleinen Vorstiche verschieben sich in jeder Reihe um einen Webfaden, damit eine diagonale Musterung entsteht.

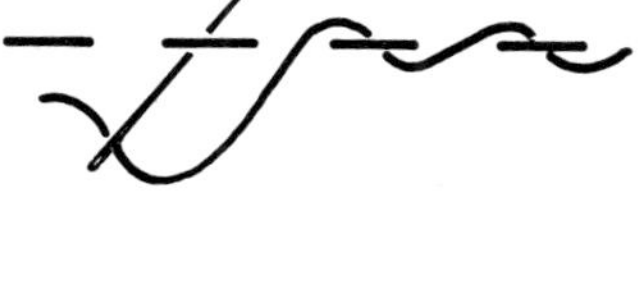

1. Festtagskragen. Stilisierte Pflanzenmotive in Seiden- und Baumwollstickerei

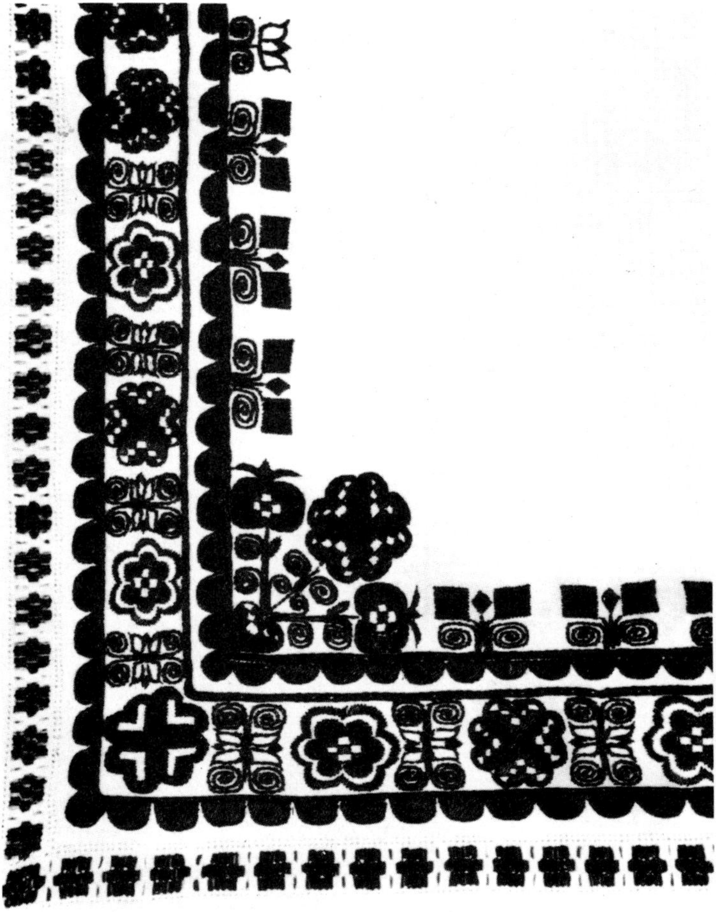

2. Schürzen-Fragment. Florale Motive in Baumwollstickerei auf Batist

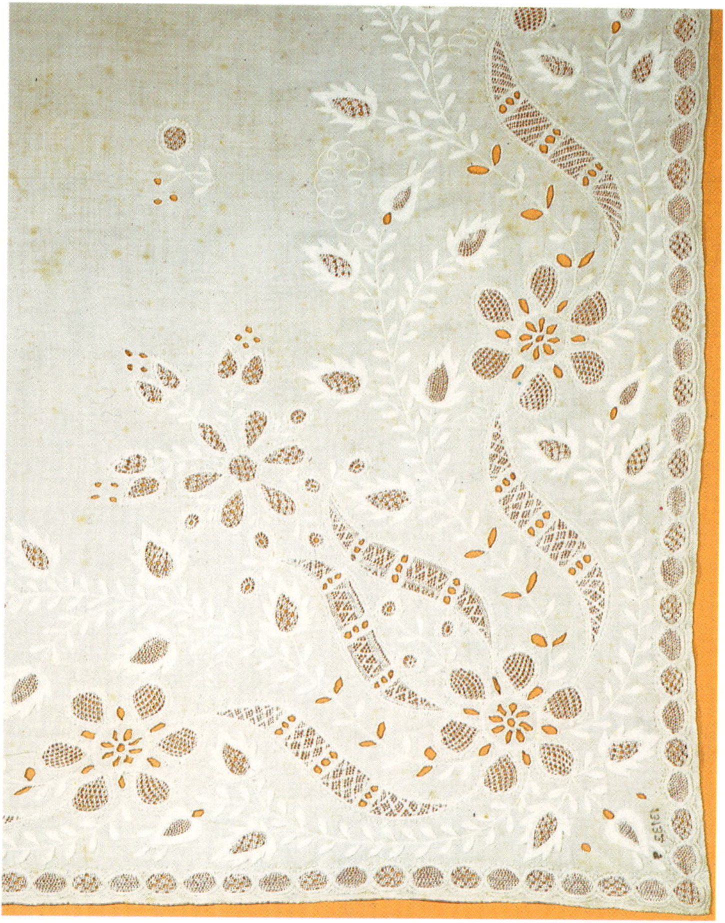

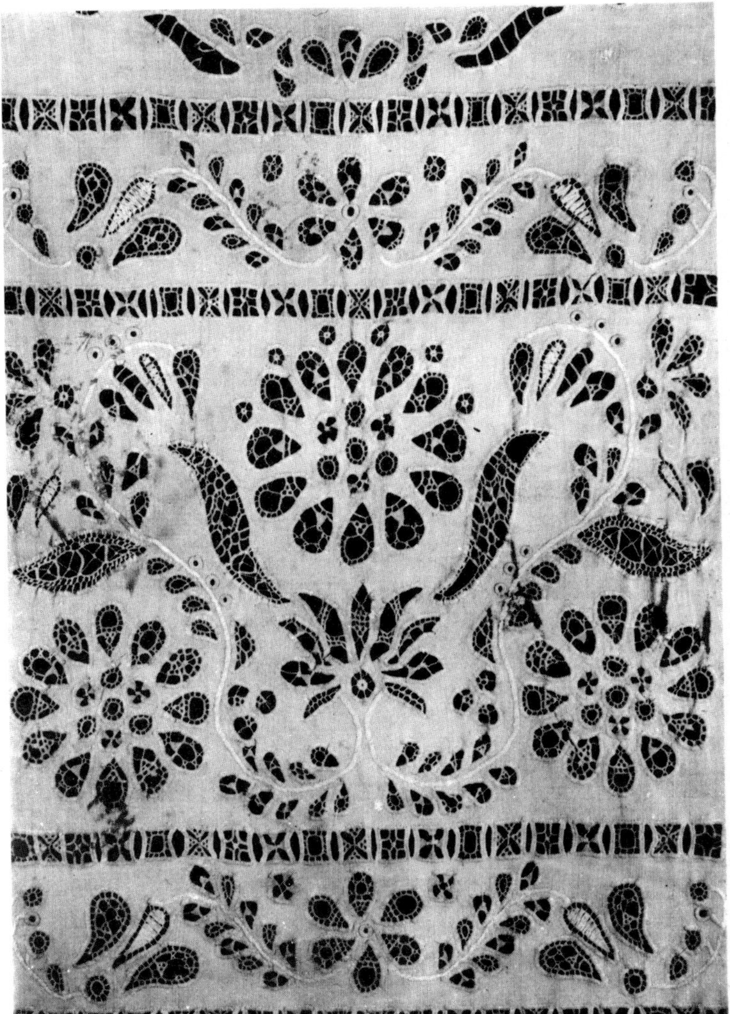

3. Einsegnungstuch. Rosetten und Blattzweige in Leinenstickerei

4. Einsegnungstuch. Stilisierte Blumenmotive in Baumwollsticke-rei auf Leinen

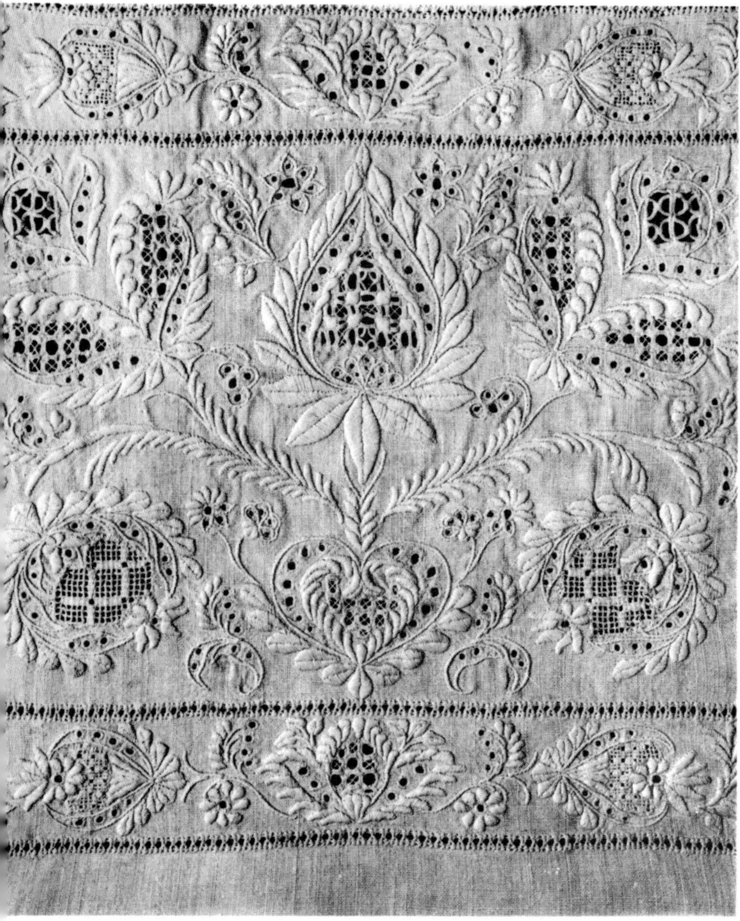

5. Hemdenbesatz-Fragment. Widderköpfe in Baumwollstickerei

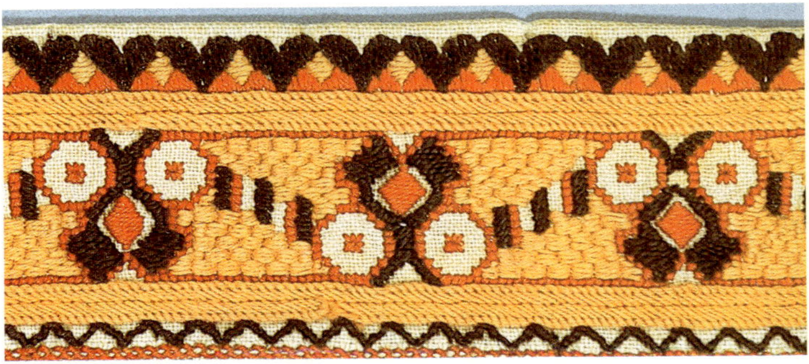

6. Hemdenbesatz-Fragment. Pflanzenmotive und radschlagende Pfauen in Baumwollstickerei

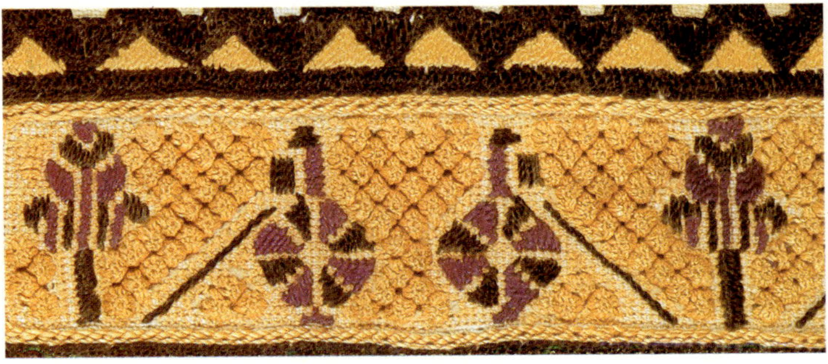

7. Ärmelstickerei. Blütenmotive in Seide

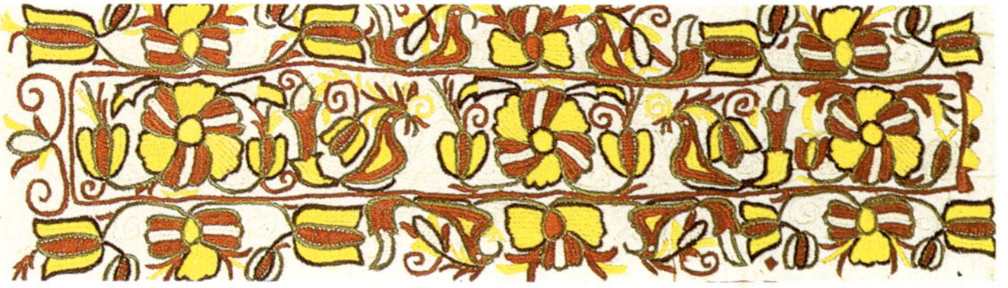

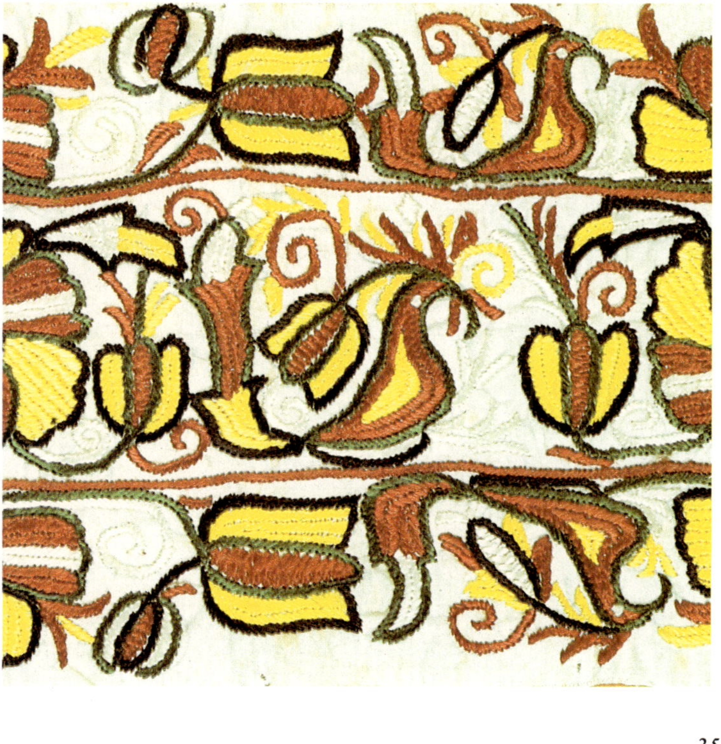

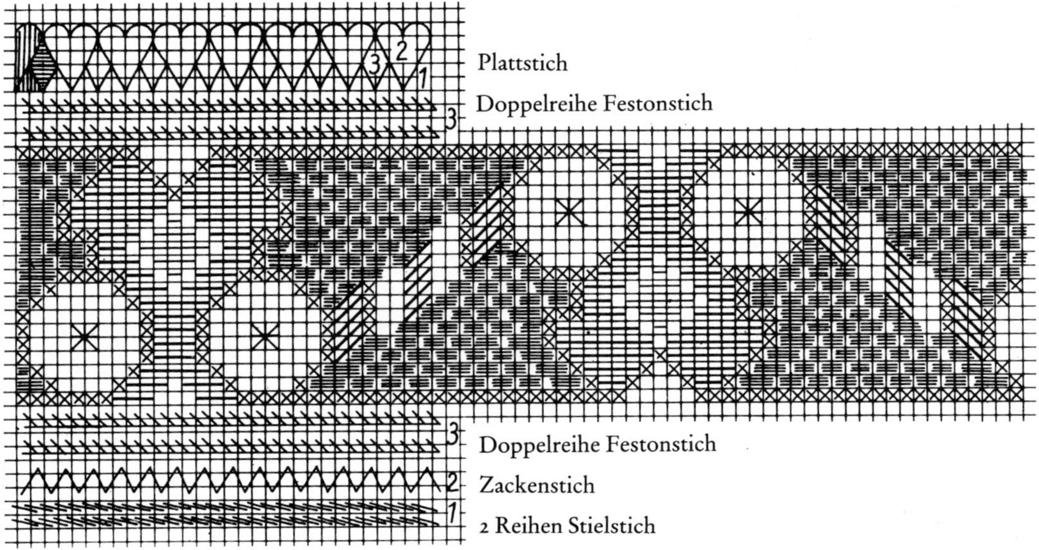

Musterzeichnung zu Nr. 5

1 = × = weinrot

2 = ▬ = schwarz

3 = ≡ = hellbraun (Gobelinstich 3fach gebündelt)

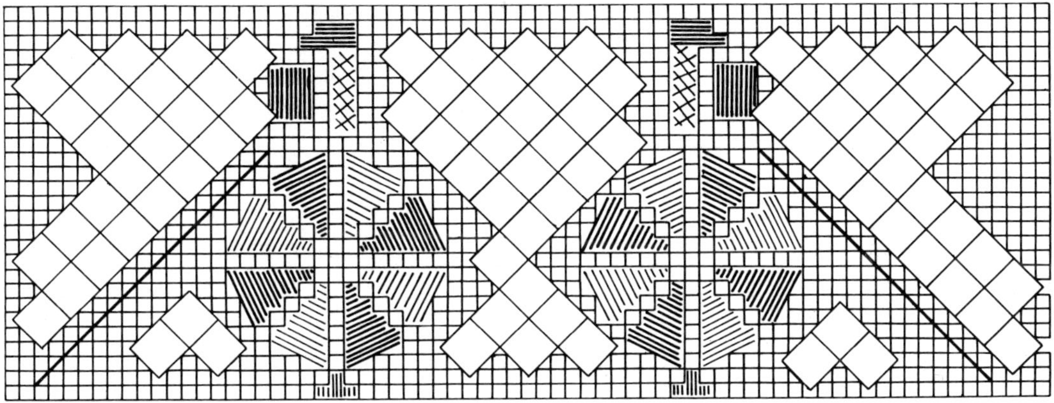

Pfauenmotiv von Nr. 6

— schwarz

— violett

◇ goldgelber Bombenstichknoten

□ goldgelber Kästchenstich

8. Hemdenbesatz. Tulpenmotive in Baumwollstickerei

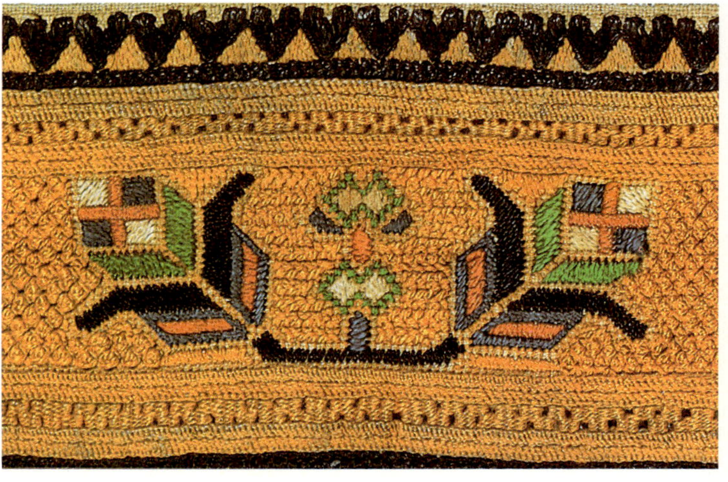

9. Hemdenbesatz-Fragment. Tulpenmotiv in Baumwollstickerei

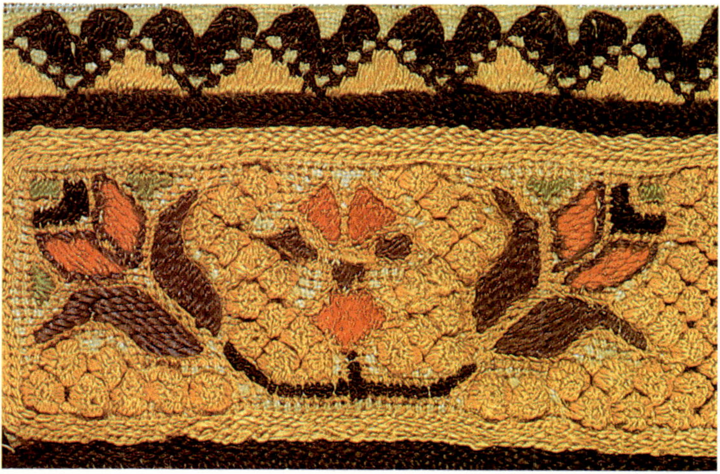

10. Hemdenbesatz-Fragment. Tulpenbaum mit Pfauen

11. Hemdenbesatz. Vogel-Tulpen-Motive in Baumwollstickerei

12. Hemdenbesatz. Abstrahierte Vogel-Tulpen-Motive

Pfauenmotiv von Nr. 10

senfgelb mittelblau olivgrün violett	Spannstich	× schwarz ⁄ senfgelb \ mittelblau ǀ olivgrün – violett ○ weiß	Kreuzstich

Grund senfgelb im slawischen Doppelschlingknoten

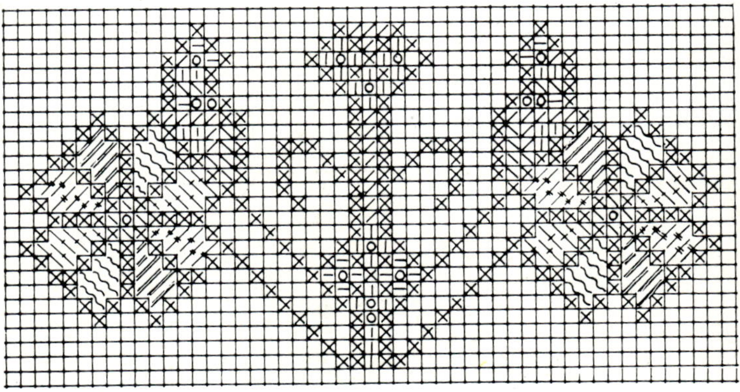

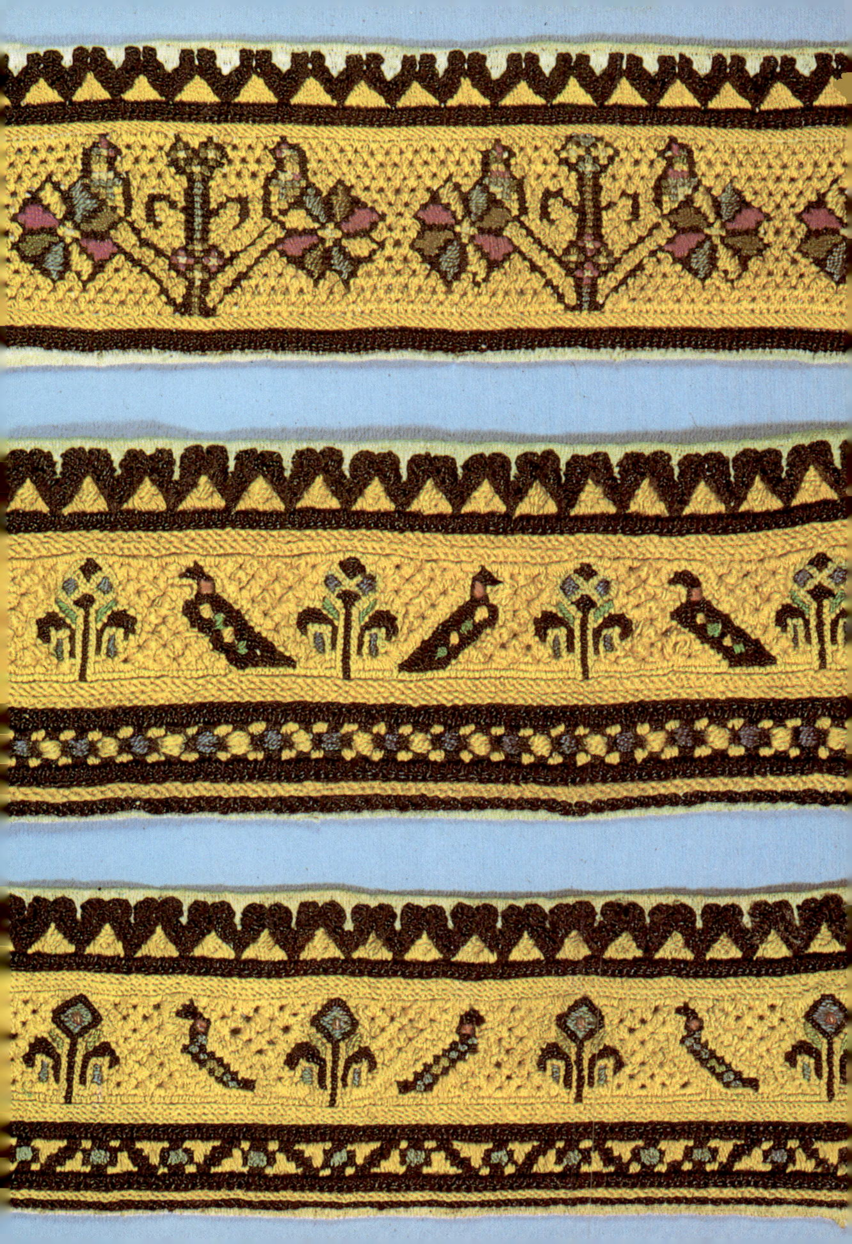

13. Hemdenbesatz-Fragment. Rosetten in Baumwollstickerei

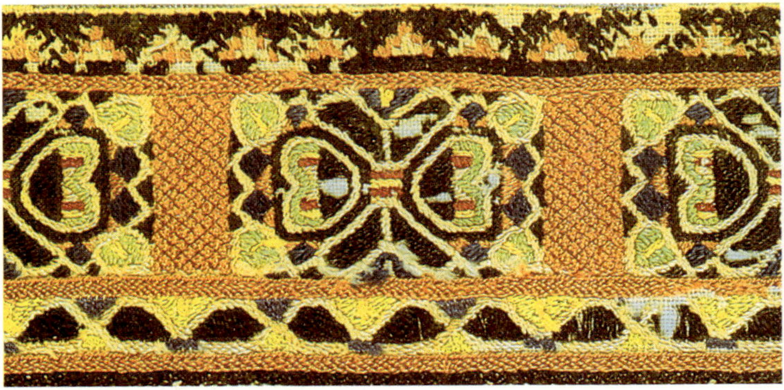

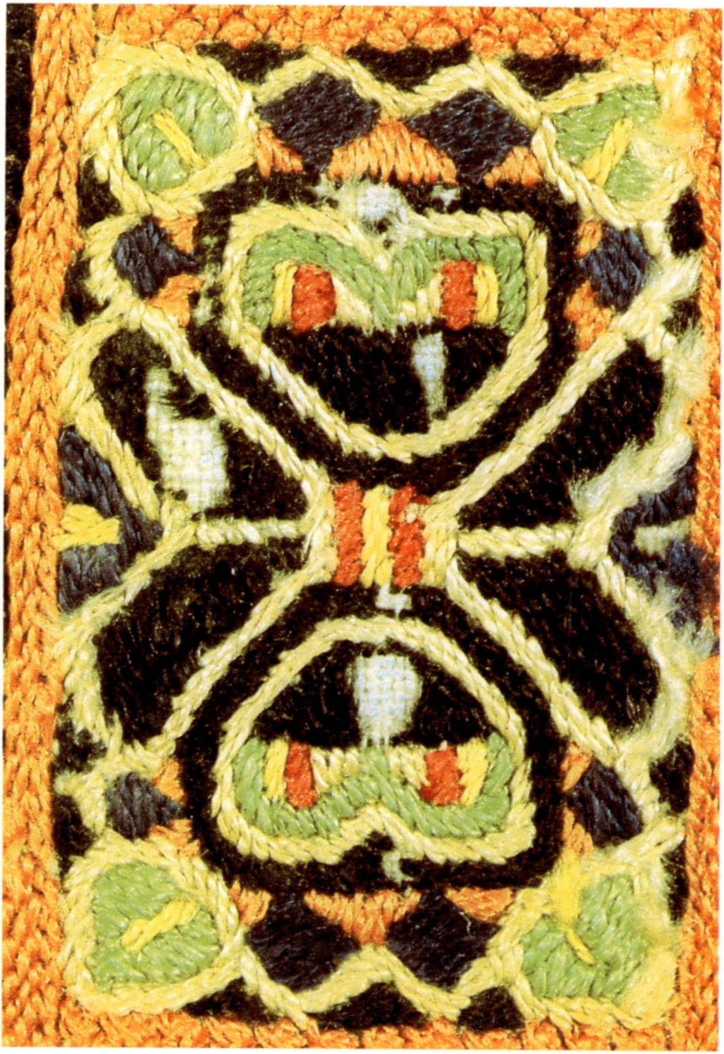

14. Hemdenbesatz-Fragment. Rosetten in Kästchenstich

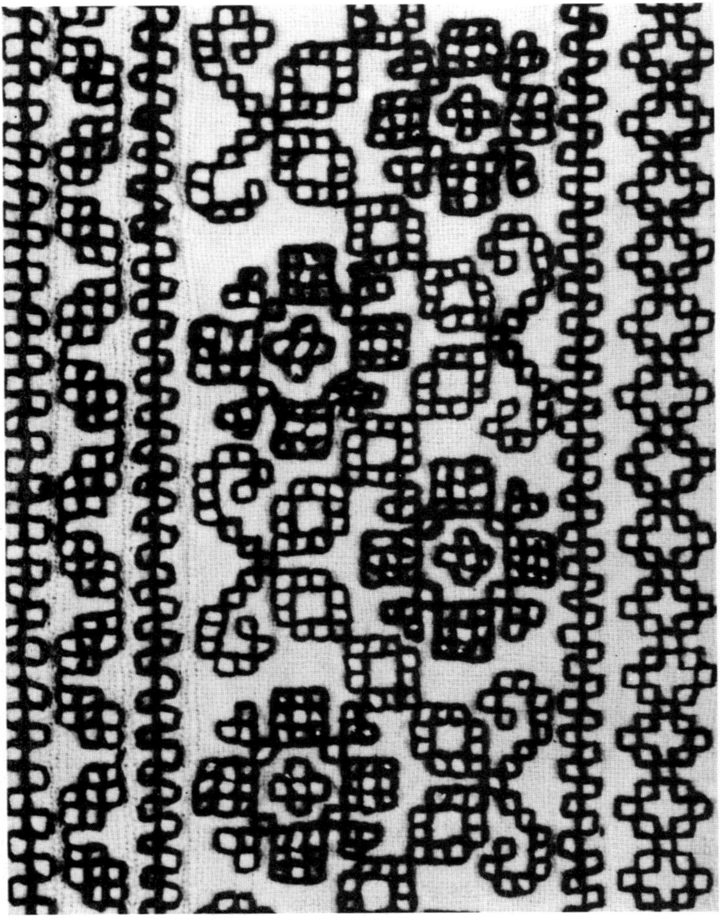

15. Hemdenbesatz-Fragment. Blumenmotive in Wollstickerei

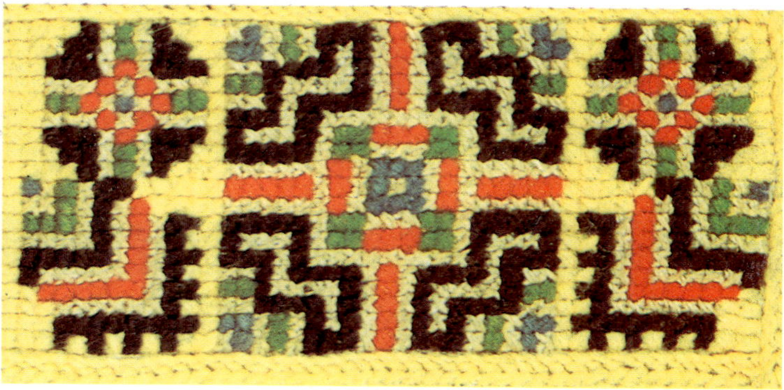

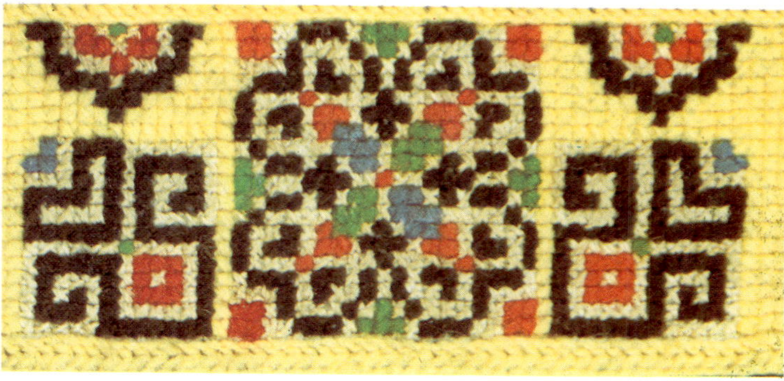

16. Hemdenbesatz-Fragment. Blumenranke in Baumwollstickerei

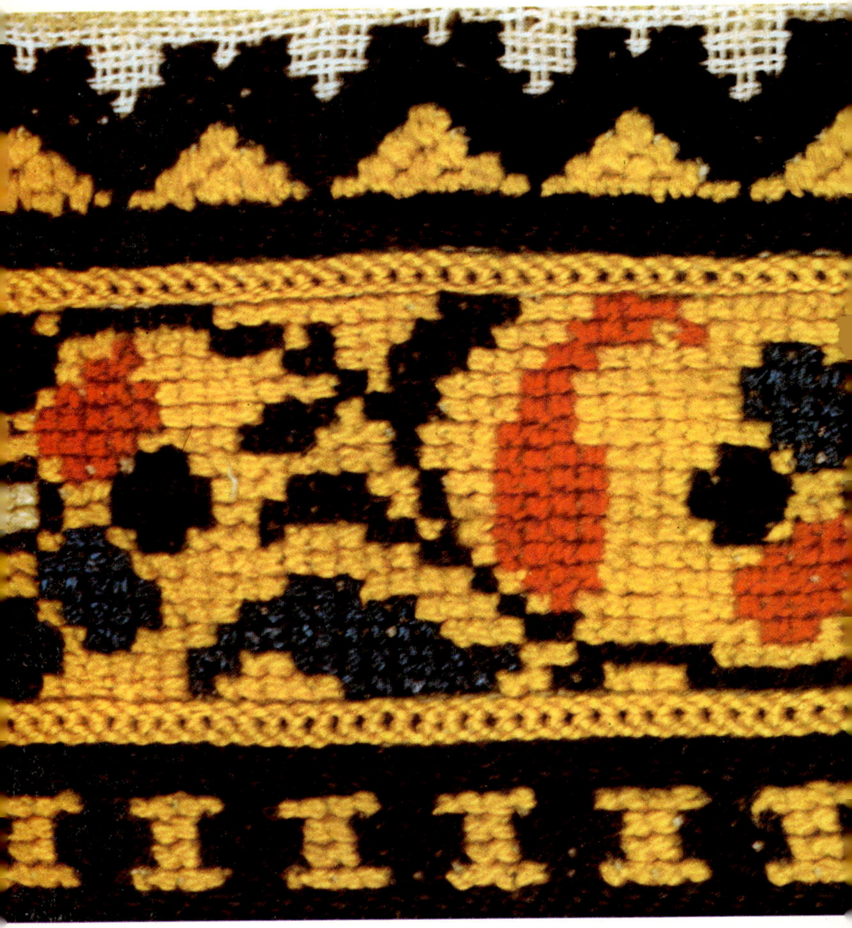

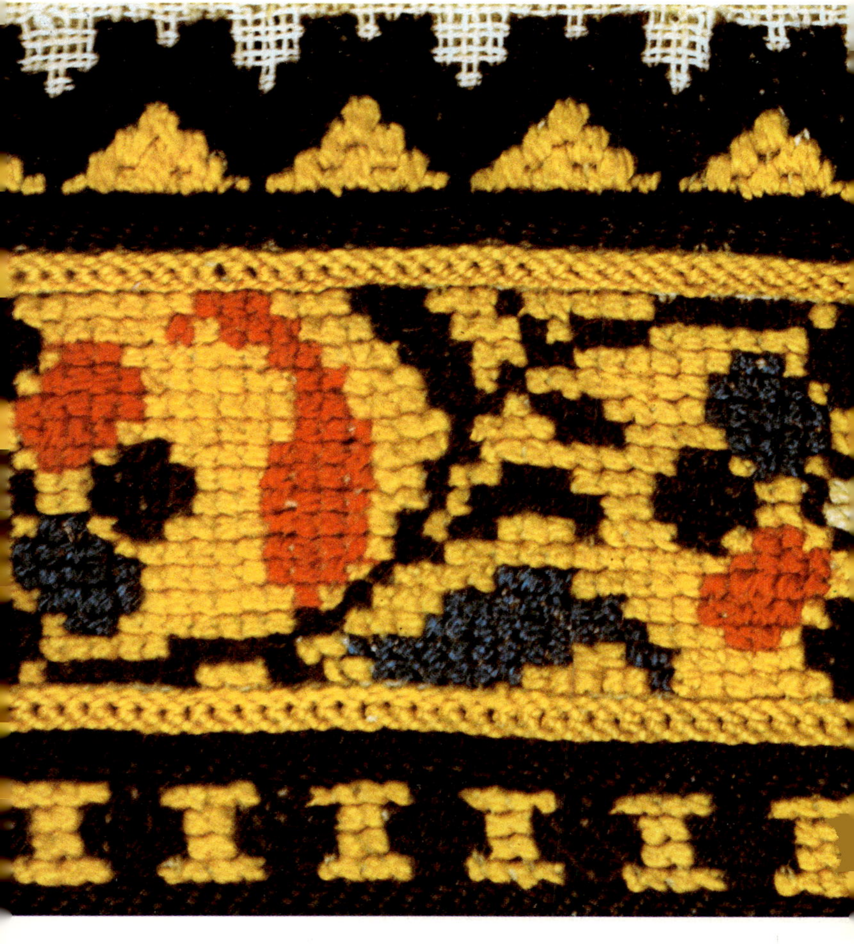

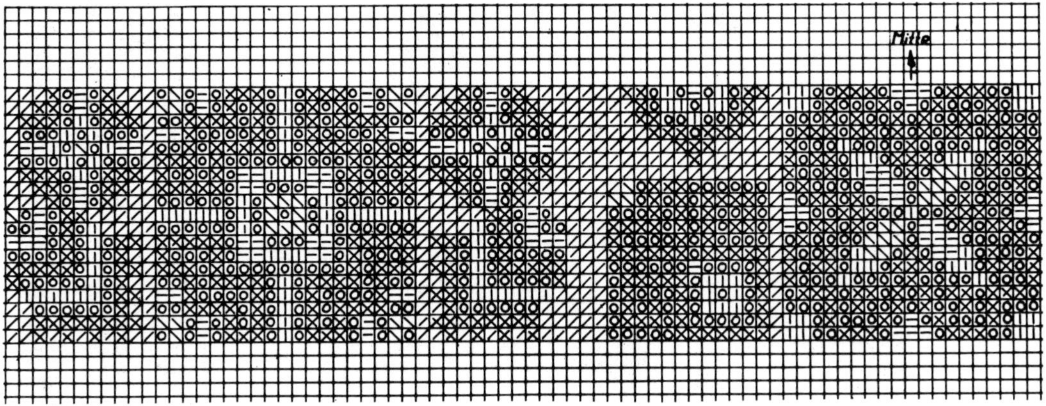

× schwarz
o creme
ı korallenrot
– olivgrün
\ hellblau
/ zitronengelb

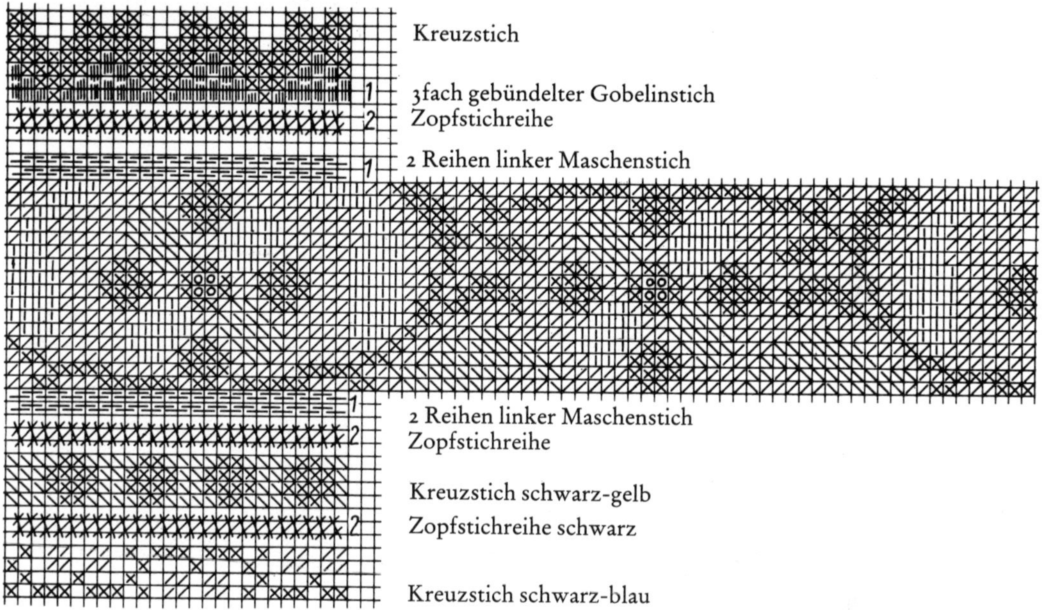

Musterzeichnung zu Nr. 16

× = 2 = schwarz　　o weiß　　| rot

/ = 1 = gelb　　\ dunkelblau

17. Hemdenbesatz-Fragment. Vogel-Blumen-Motiv in Wollstikkerei

2 = / = zitronengelb — moosgrün

O weiß | türkis

1 = X = schwarz \ korallenrot

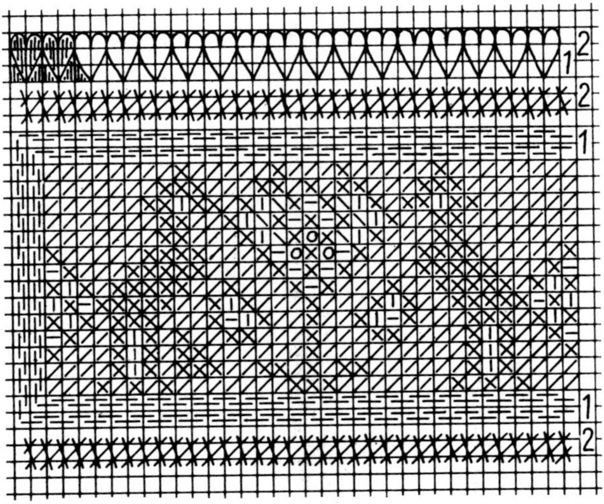

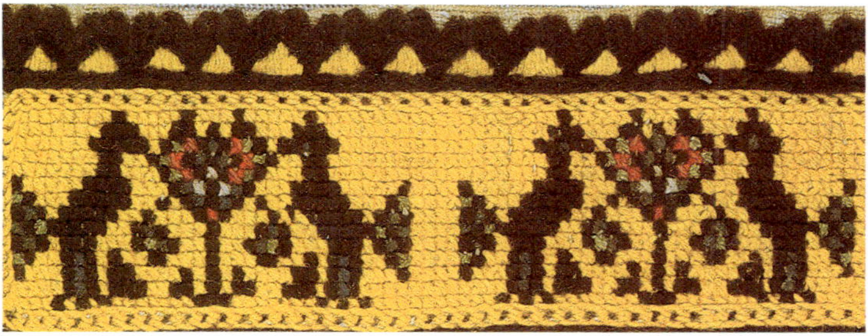

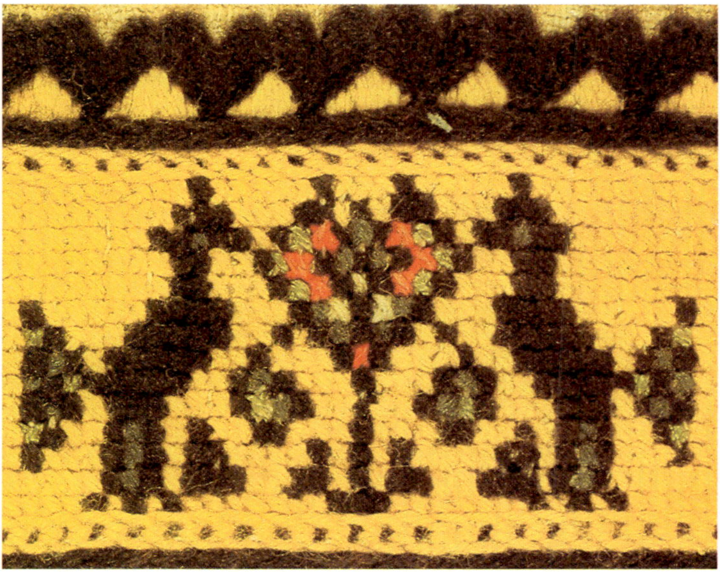

18. Hemdenbesatz-Fragment. Rosetten in Kreuzstich

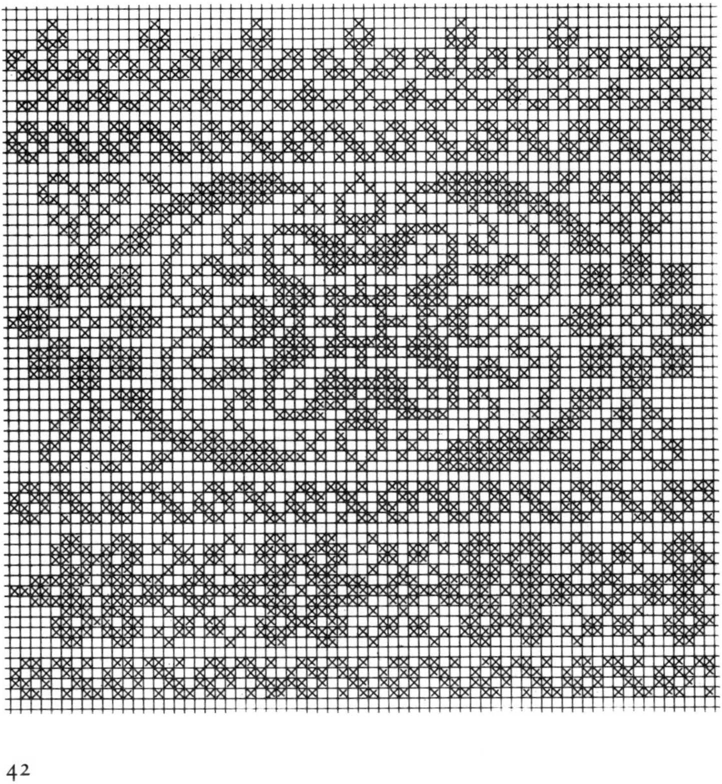

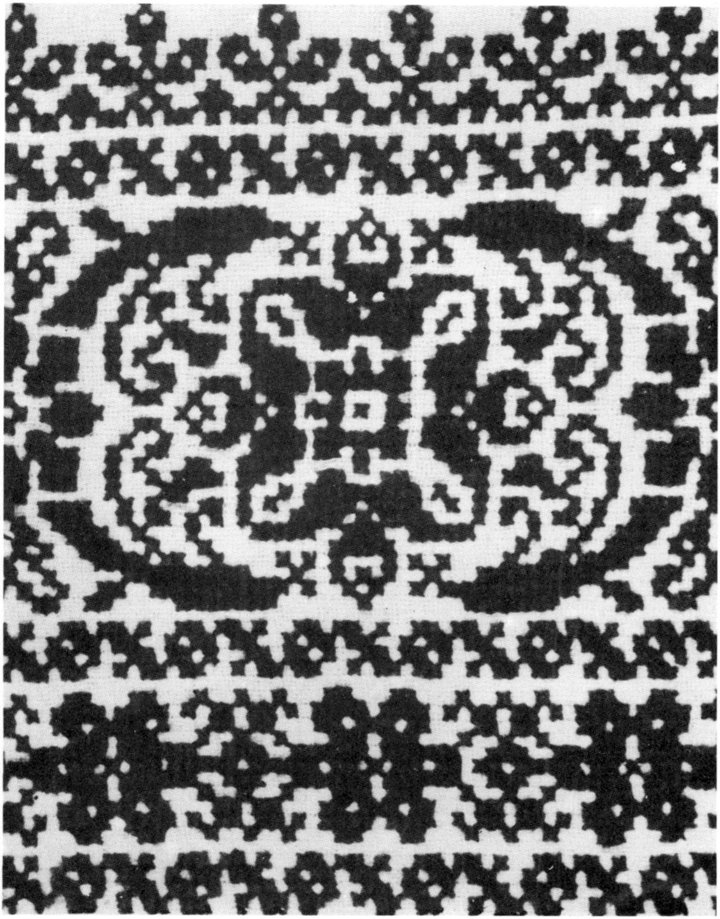

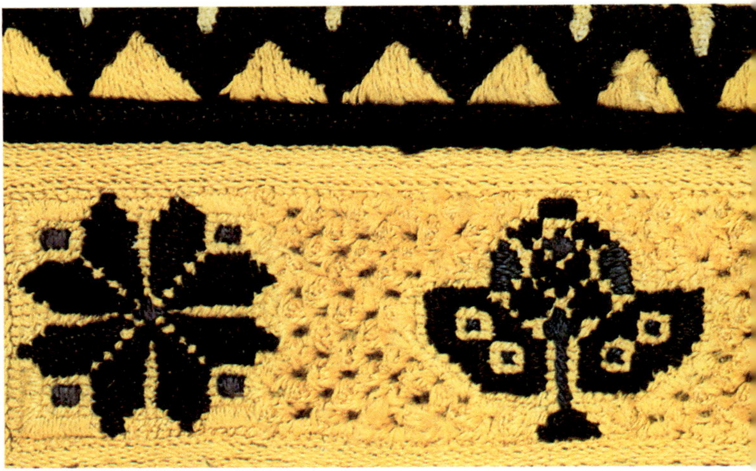

19. Hemdenbesatz. Rosetten und Blumen in Baumwollstickerei

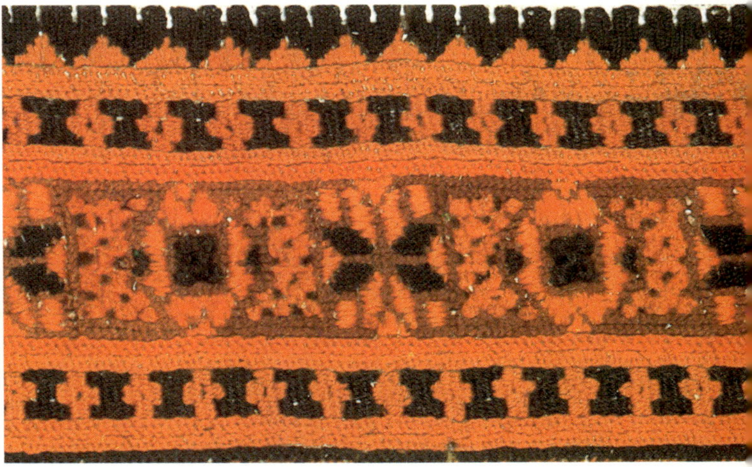

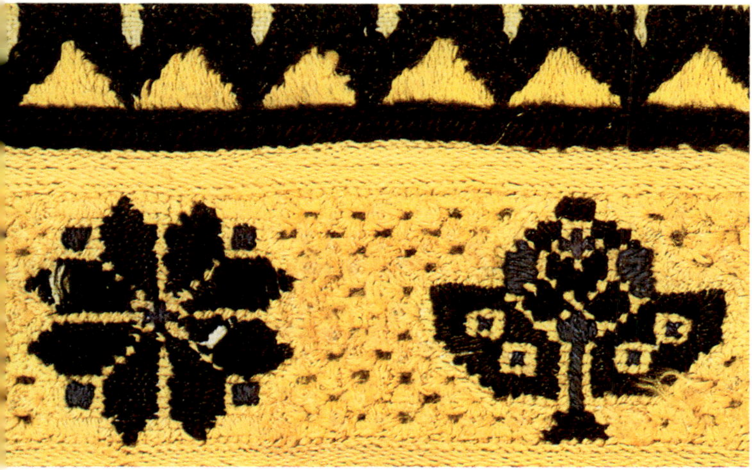

20. Hemdenbesatz. Stern-Rosetten-Motiv

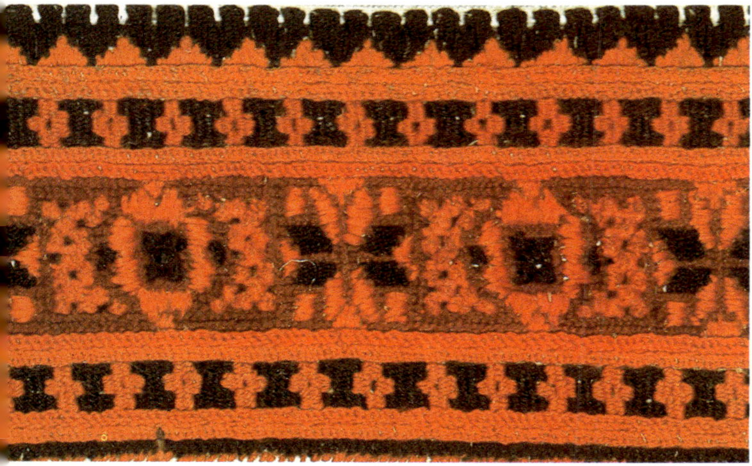

21. Hemdenbesatz-Fragment. Vogelmotiv in Baumwollstickerei

× schwarz
o rosa
/ gelb
\ mittelblau
| korallenrot

Grund weiß im slawischen Doppelschlingknoten

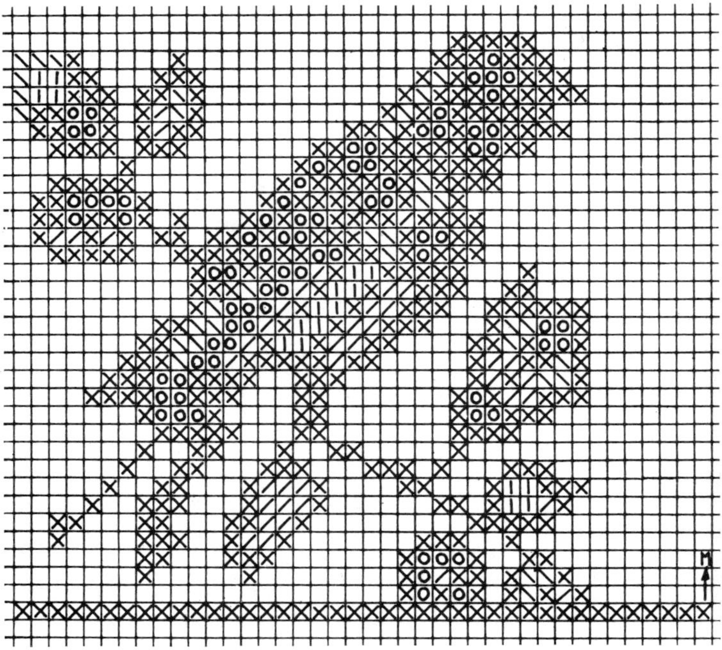

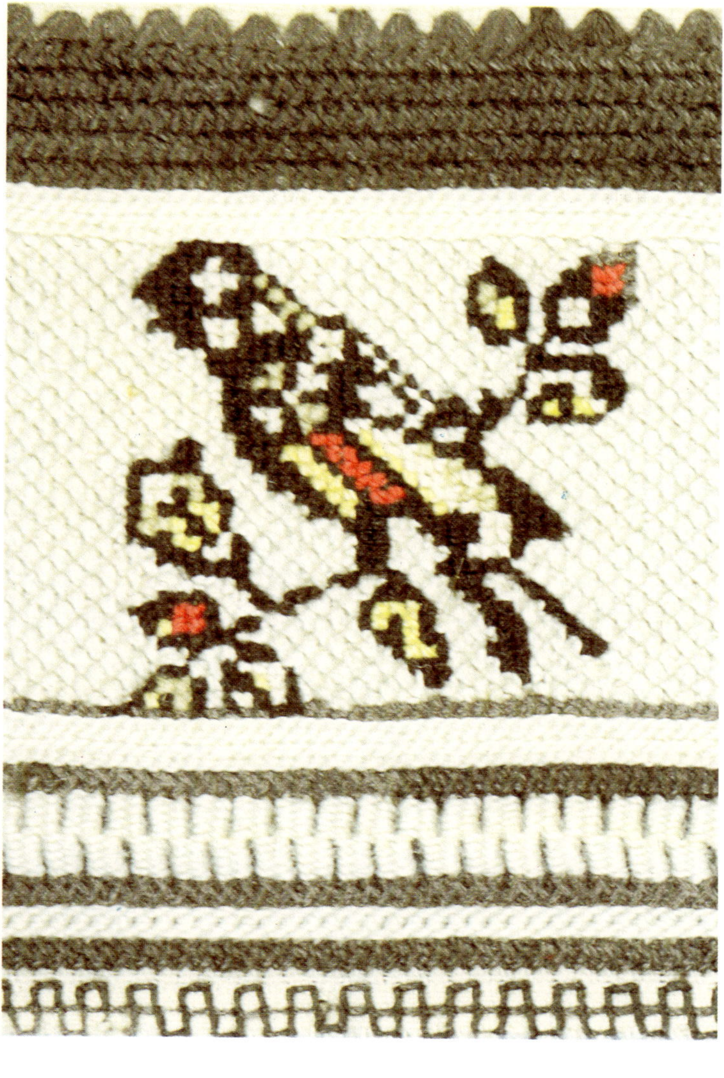

22. Hemdenbesatz-Fragment. Rosette und Bäumchen in Baumwollstickerei

23. Hemdenbesatz-Fragment. Rosette und Bäumchen in Baumwollstickerei

24. Hemdenbesatz-Fragment. Rosette und Baum in Baumwollstickerei

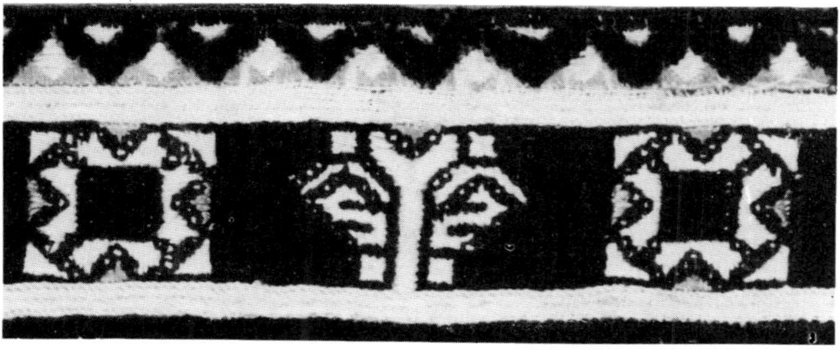
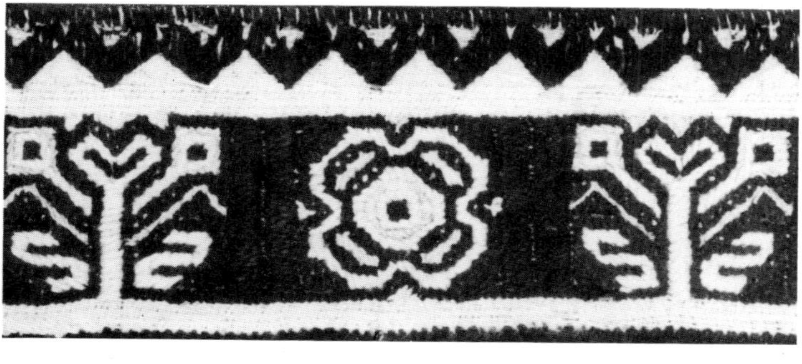

25. Hemdenbesatz. Stilisierte Formen in Baumwollstickerei

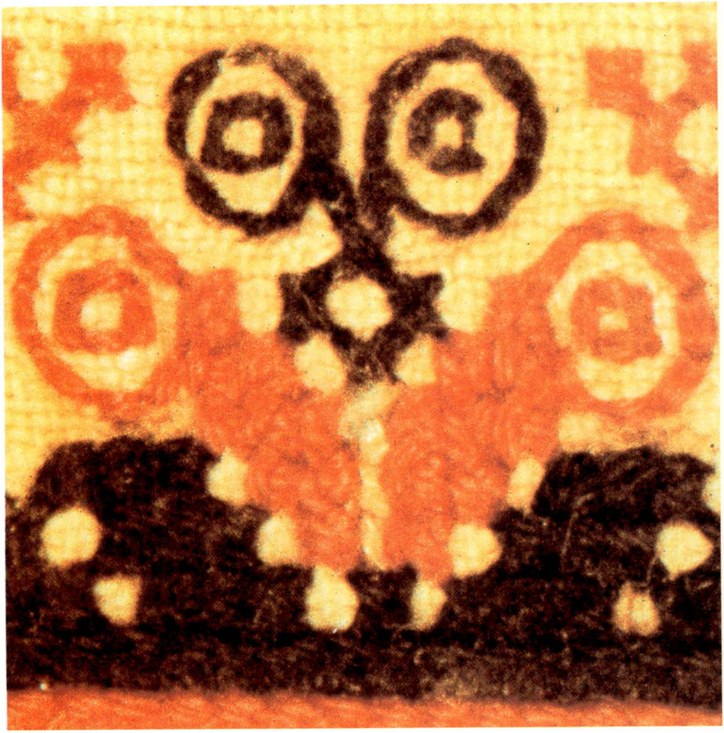

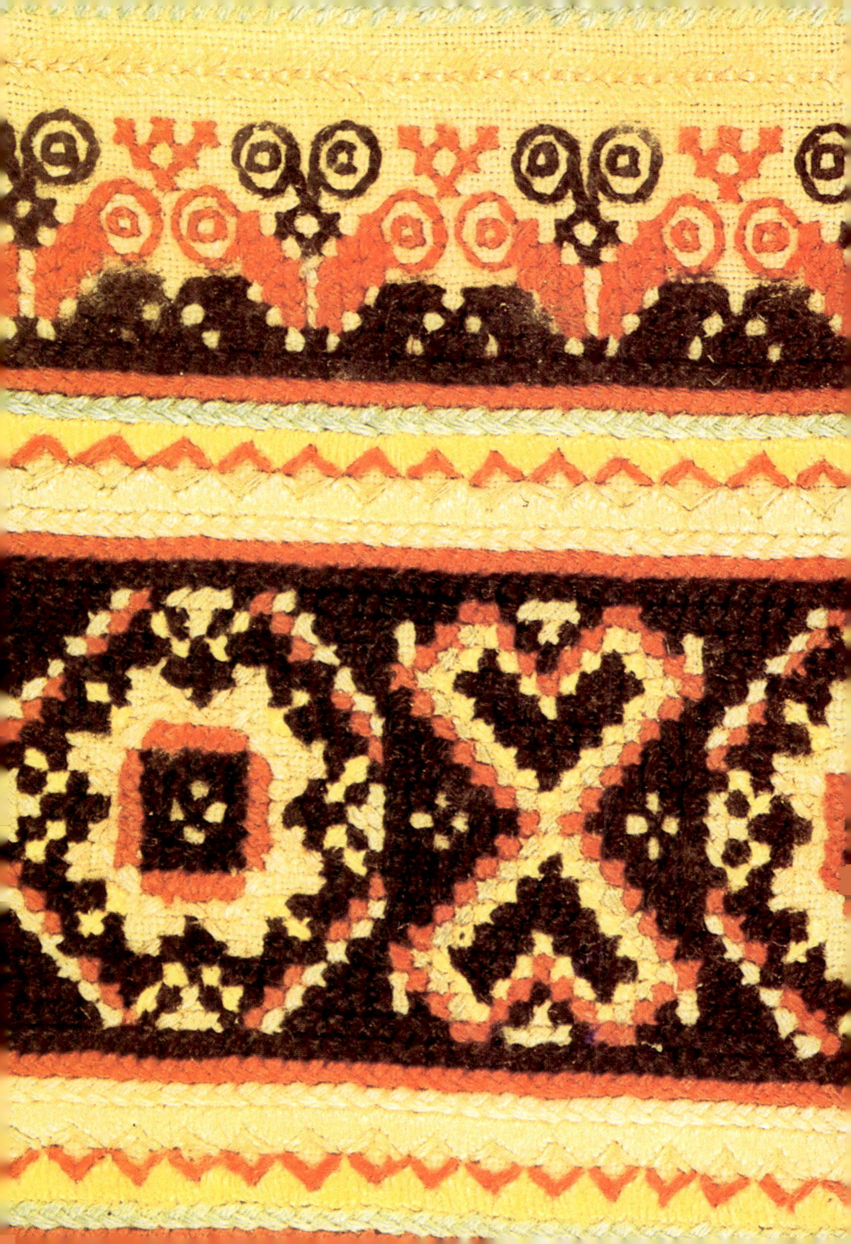

26. Haubenboden. Rosetten und Herzmotive in Wollstickerei

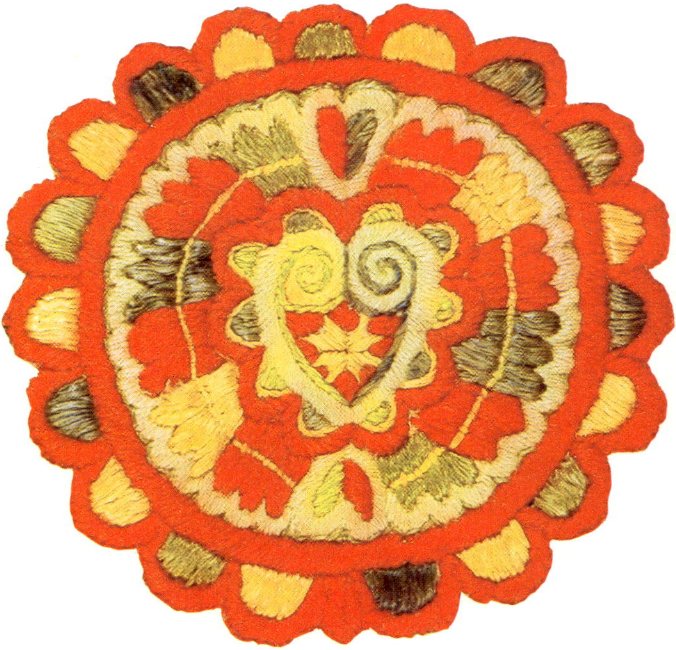

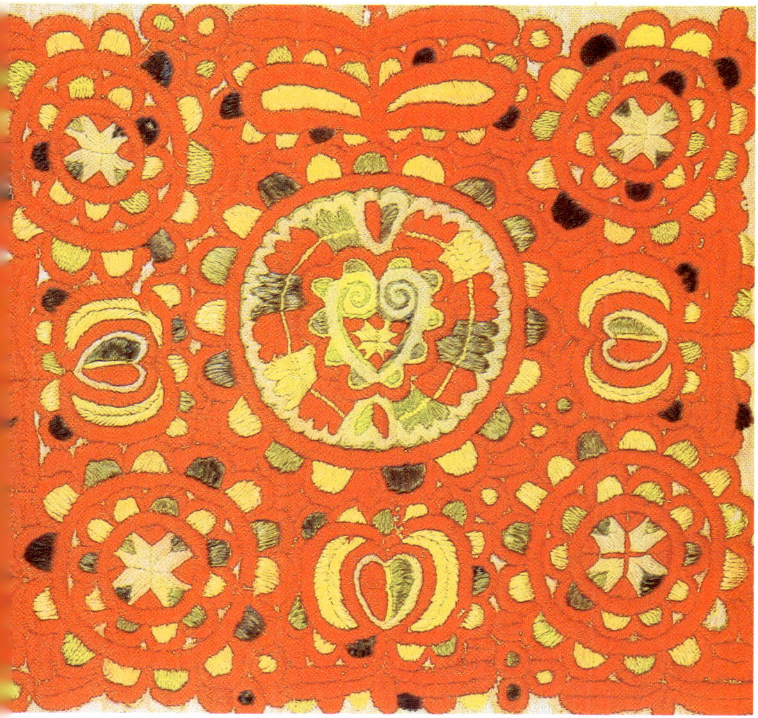

27. Achselstreifen. Rosetten und Tulpen in Baumwollstickerei

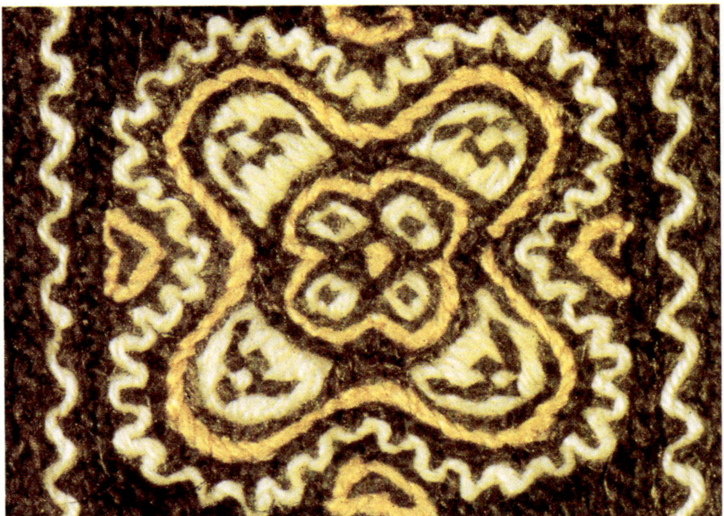

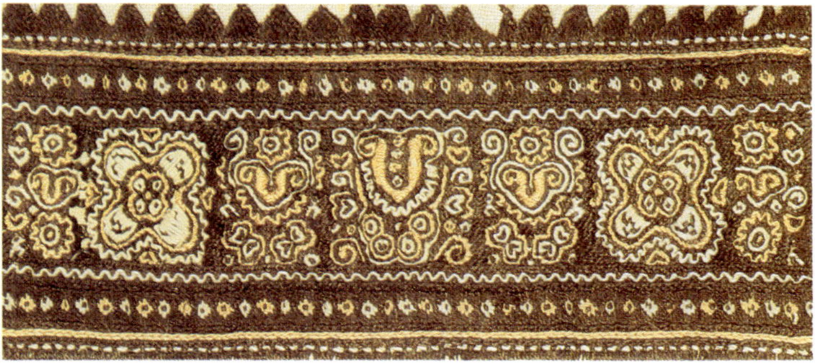

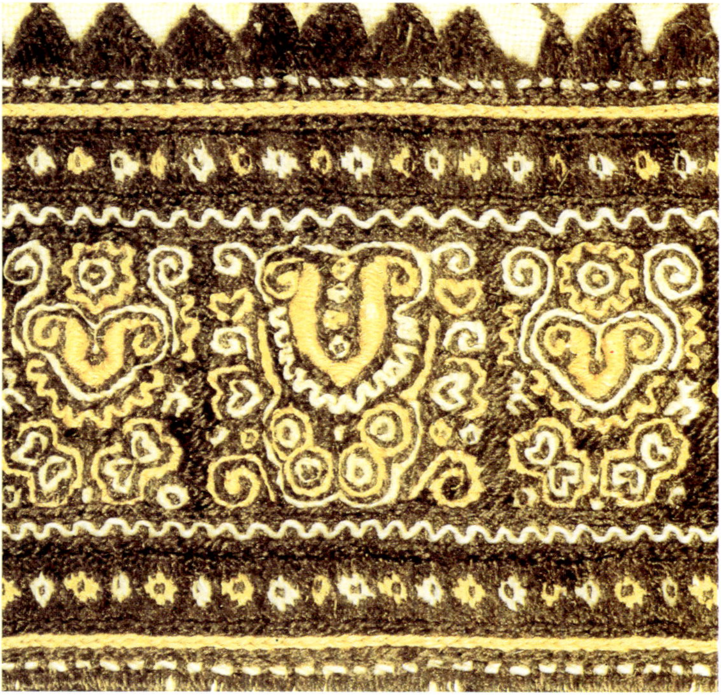

28. Hemdenbesatz-Garnitur für Mädchen. Stilisierte Formen in Baumwollstickerei

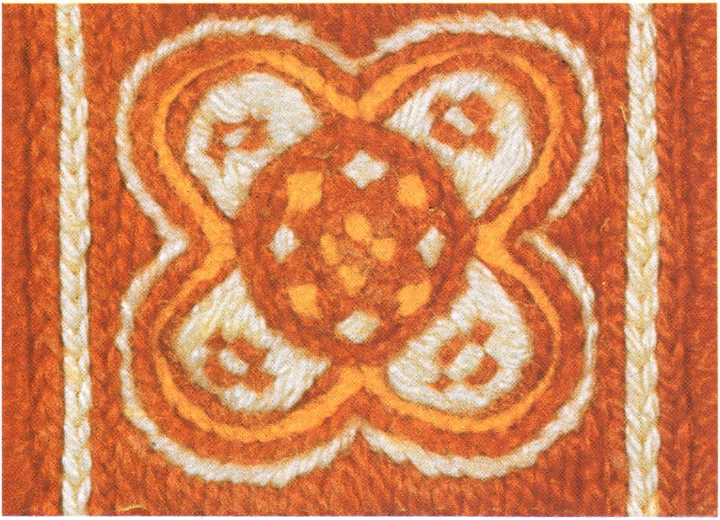

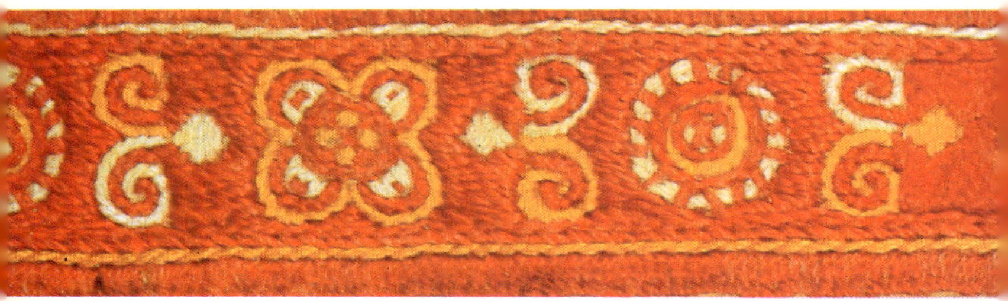

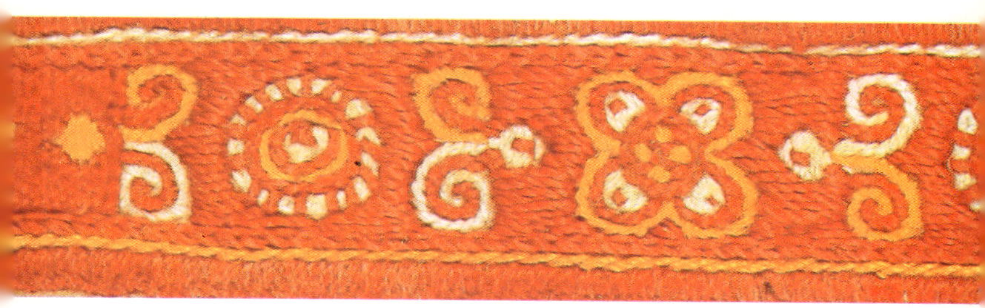

29. Ärmelstickerei. Geometrische Formen in Seide

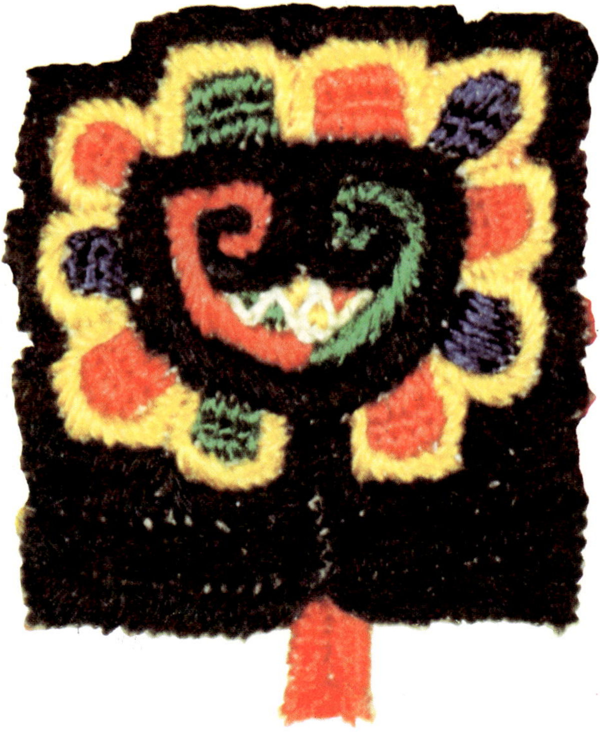

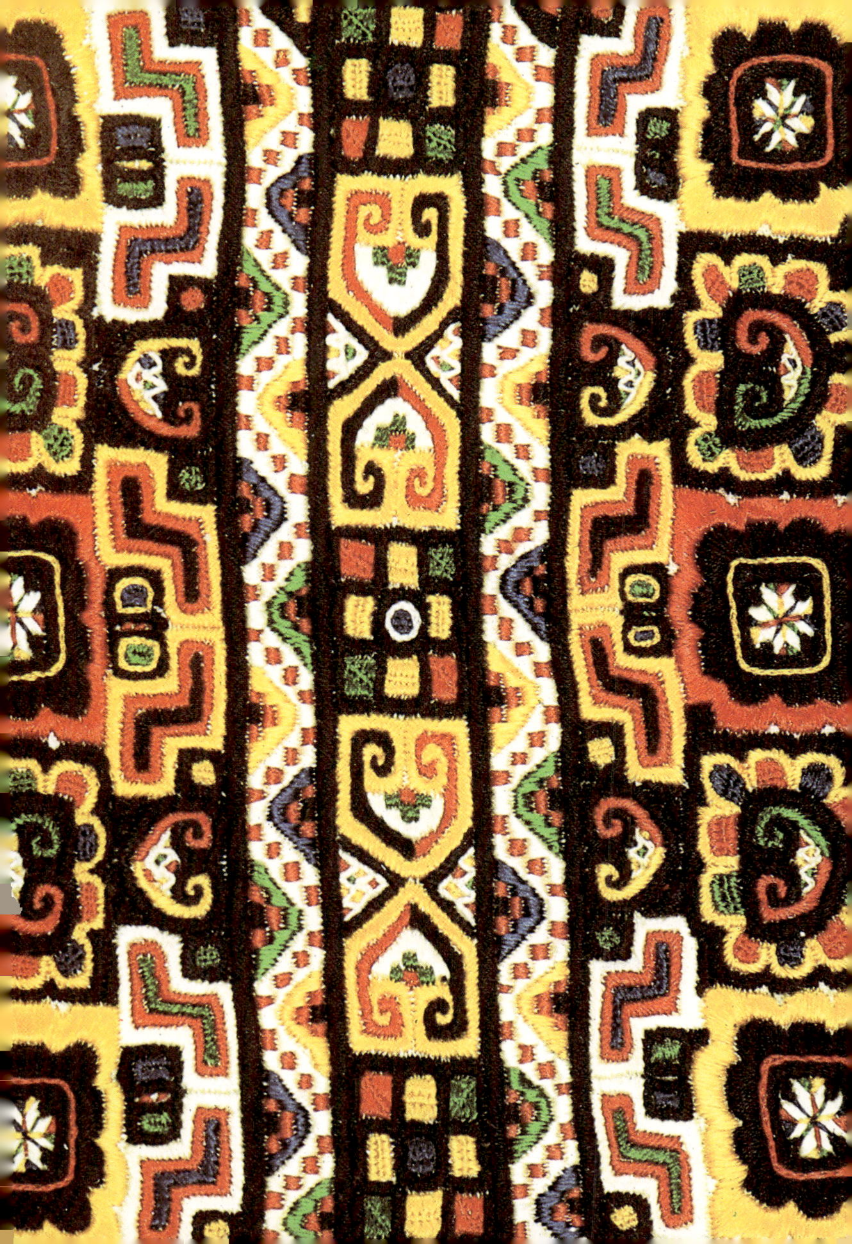

30. Stirnteil einer Haube. Blumenzweige in Baumwollstickerei

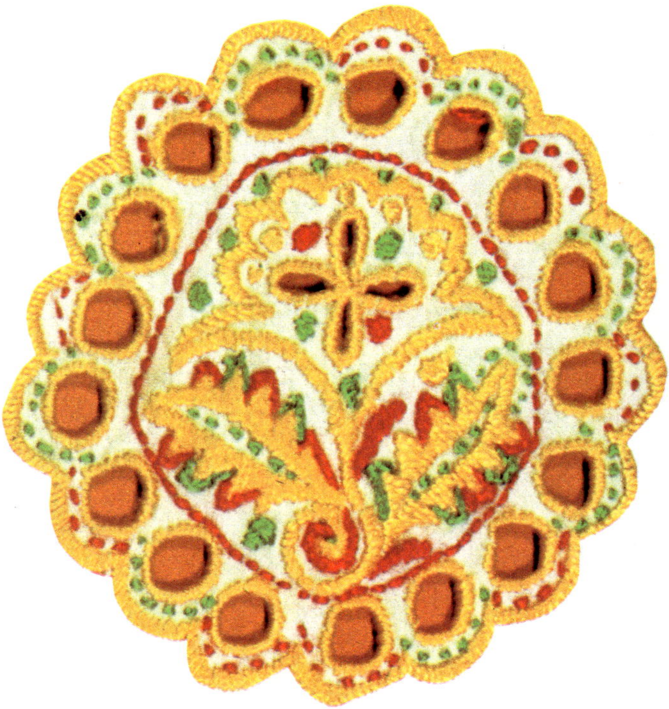

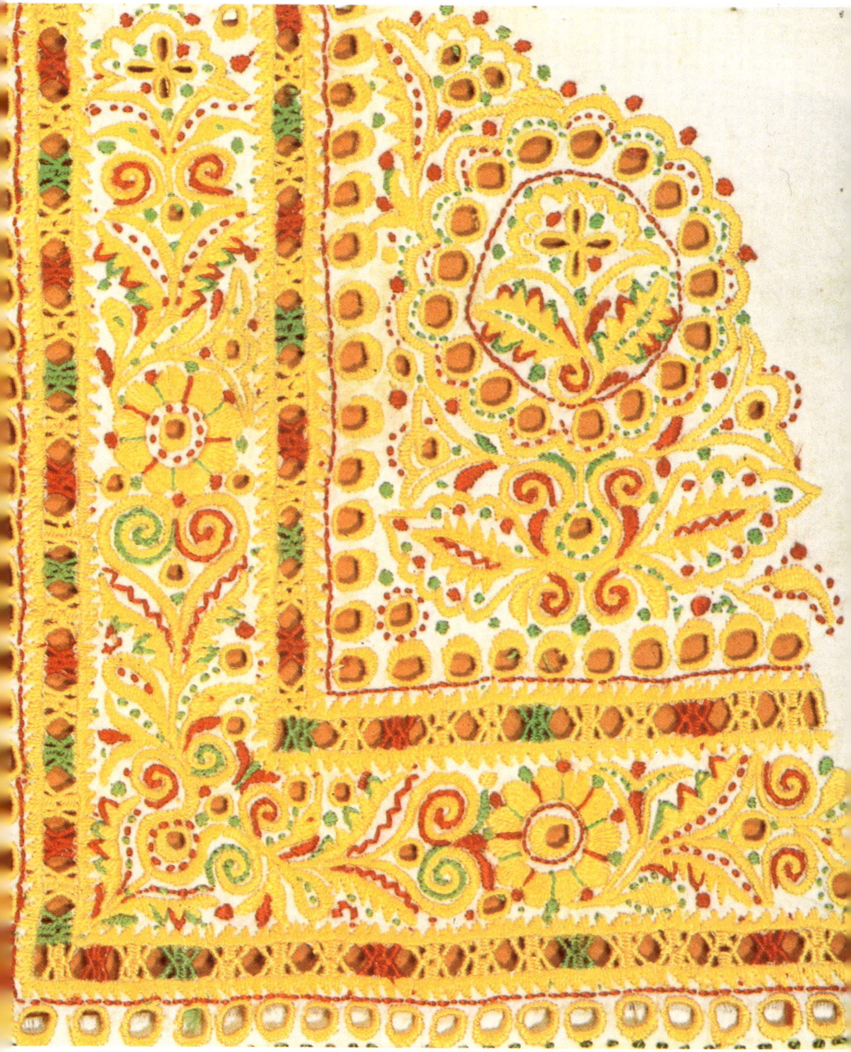

31. Ärmelstickerei. Stilisierte Pflanzenmotive in Wolle

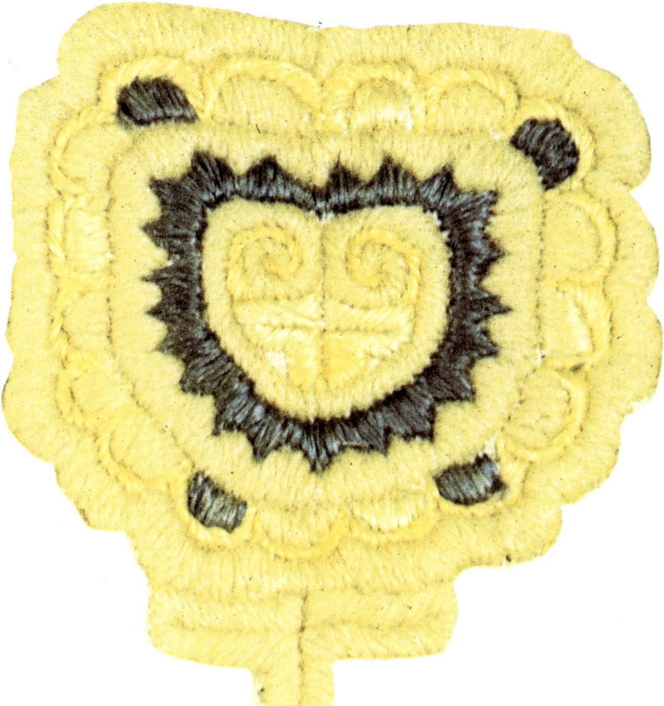

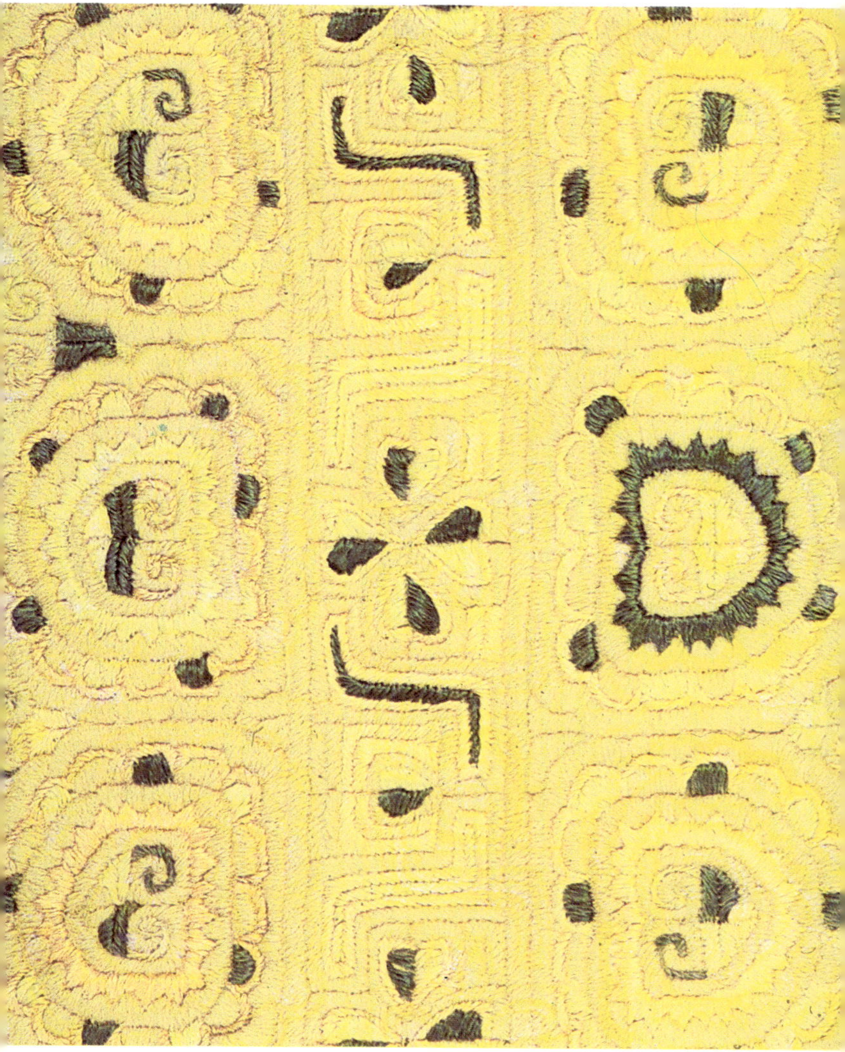

32. Brustlatz eines Festtags-Frauenhemdes. Geometrisches Muster in Seidenstickerei

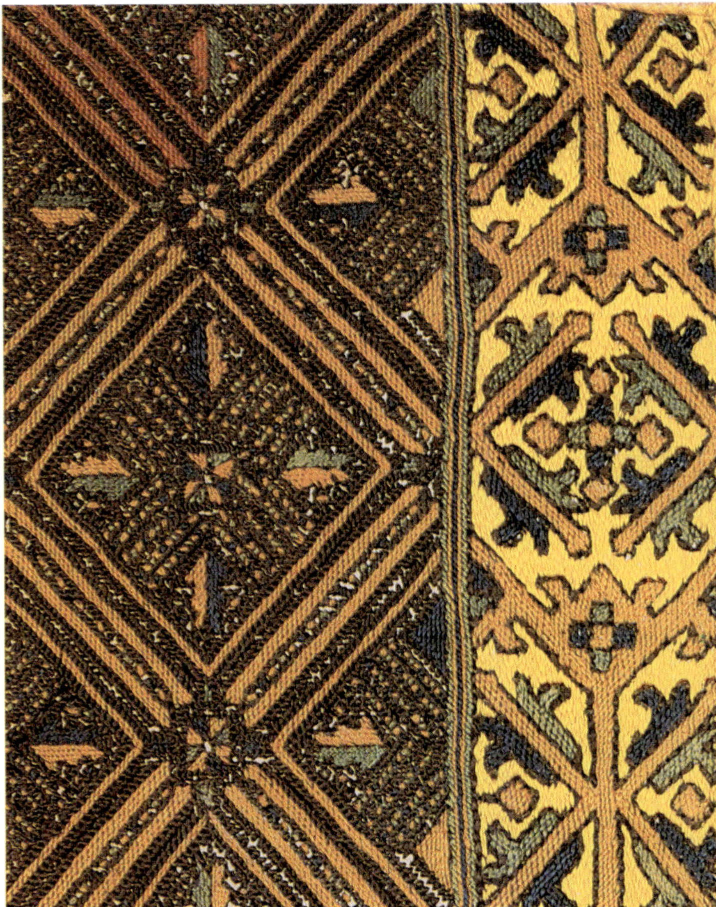

33. Brustlatz eines Festtags-Frauenhemdes. Geometrisches Muster in Seidenstickerei

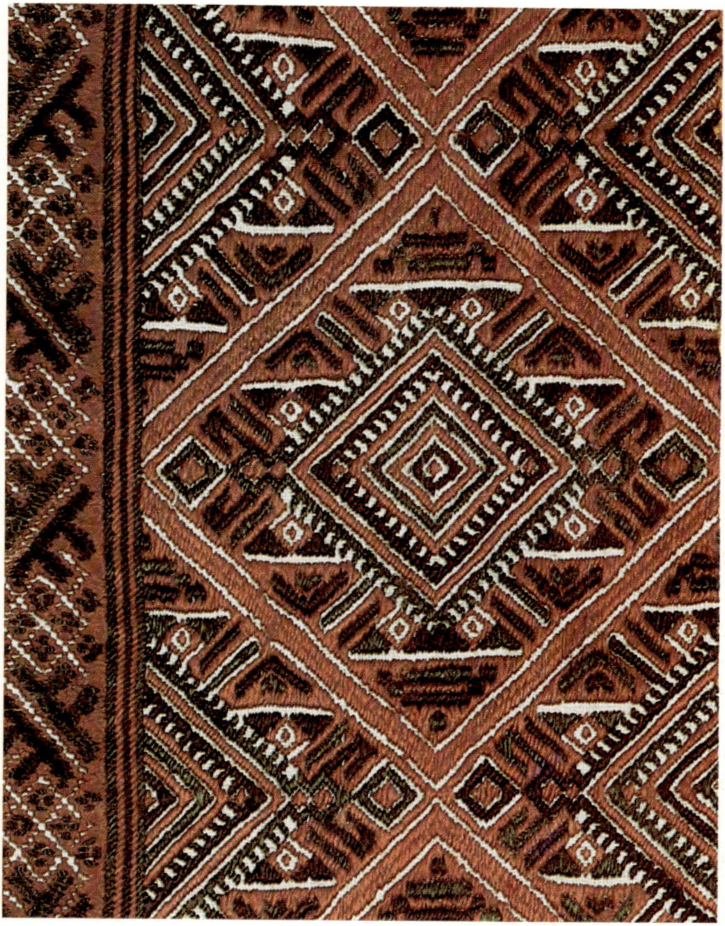

34. Brustlatz eines Festtags-Frauenhemdes. Tiermotiv in Baumwollstickerei

⌇	gold	Technik: Holbeinstich,
⧹	blau	gerader Stich (Rosetten),
⋱	grün	Kelimstich (Füllung),
\	rostrot	Kettenstich

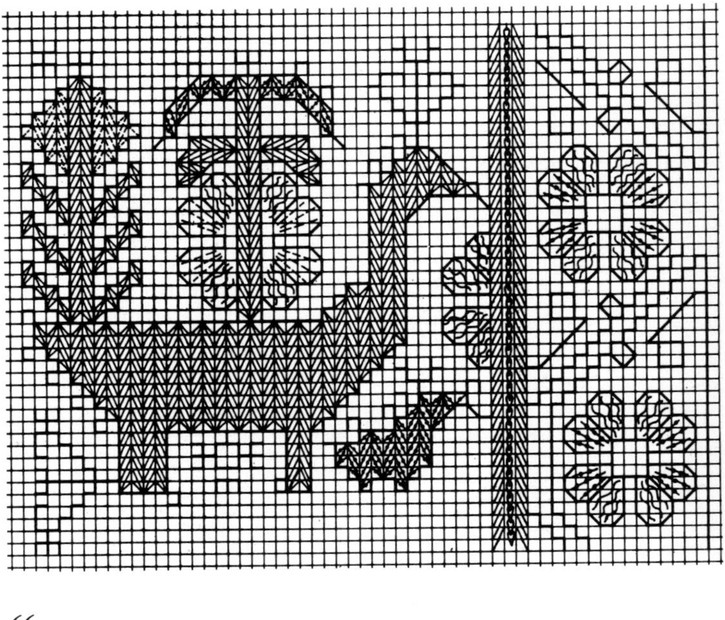

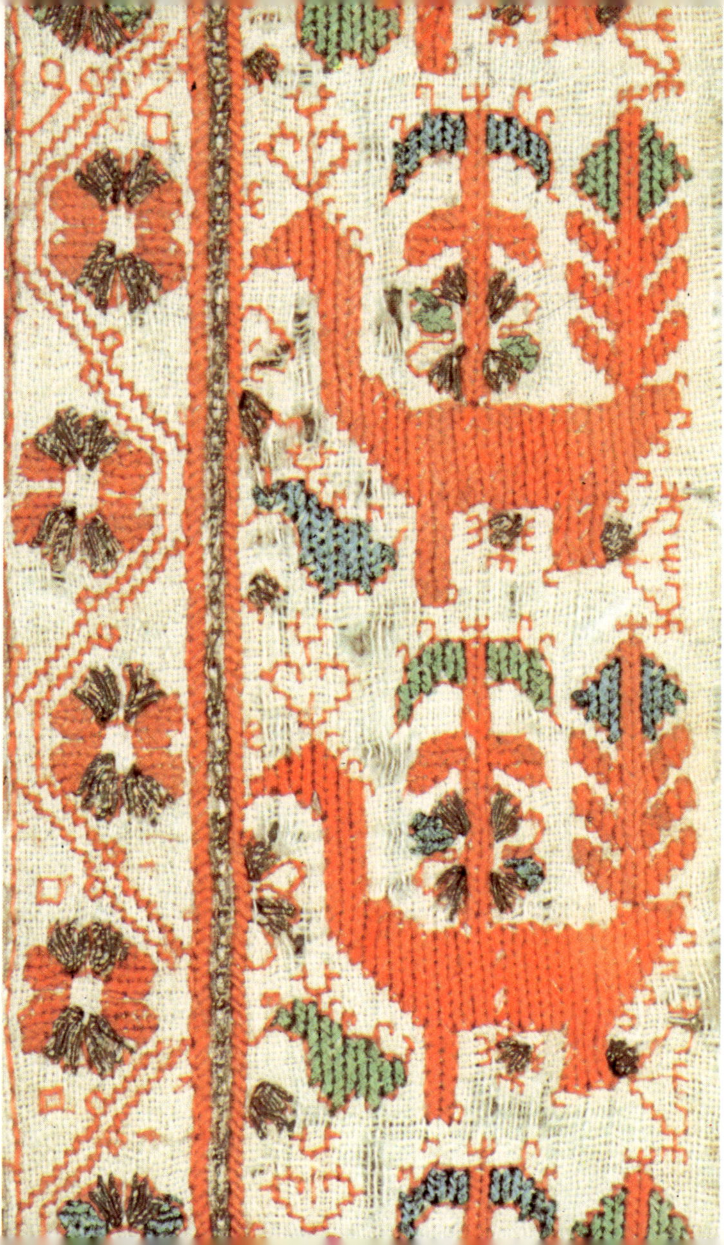

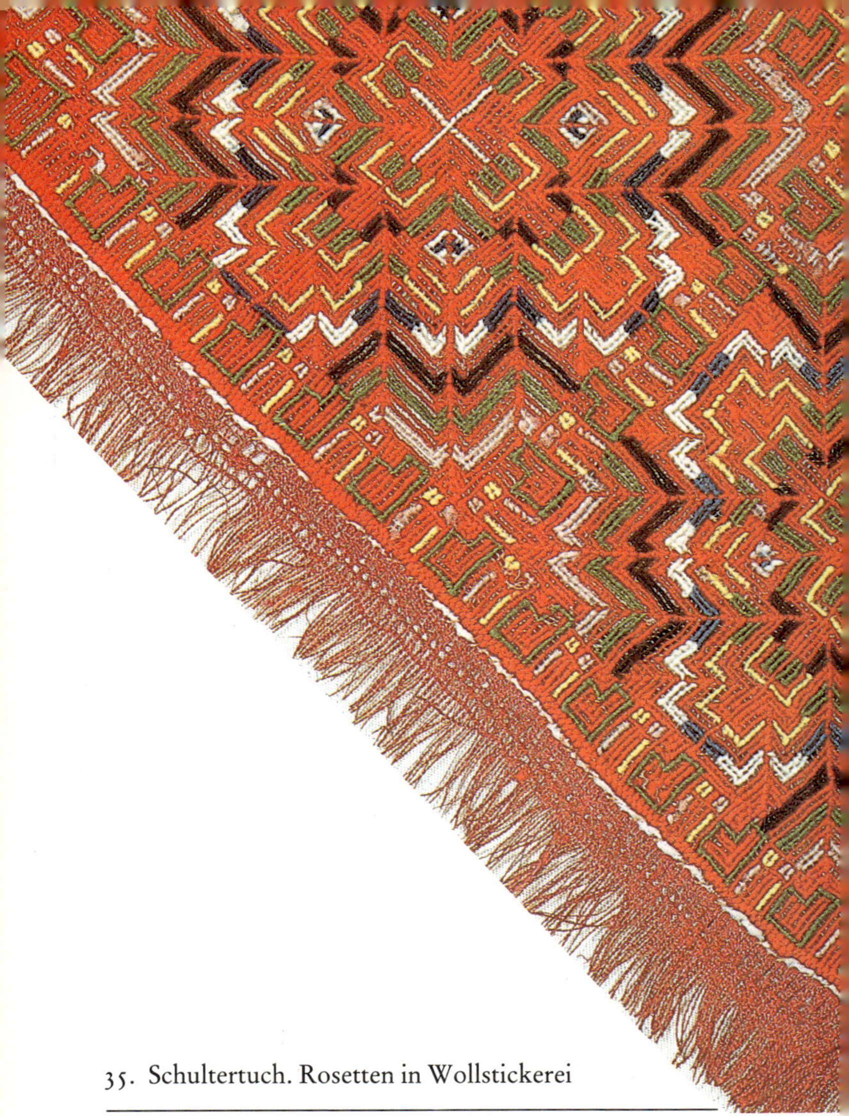

35. Schultertuch. Rosetten in Wollstickerei

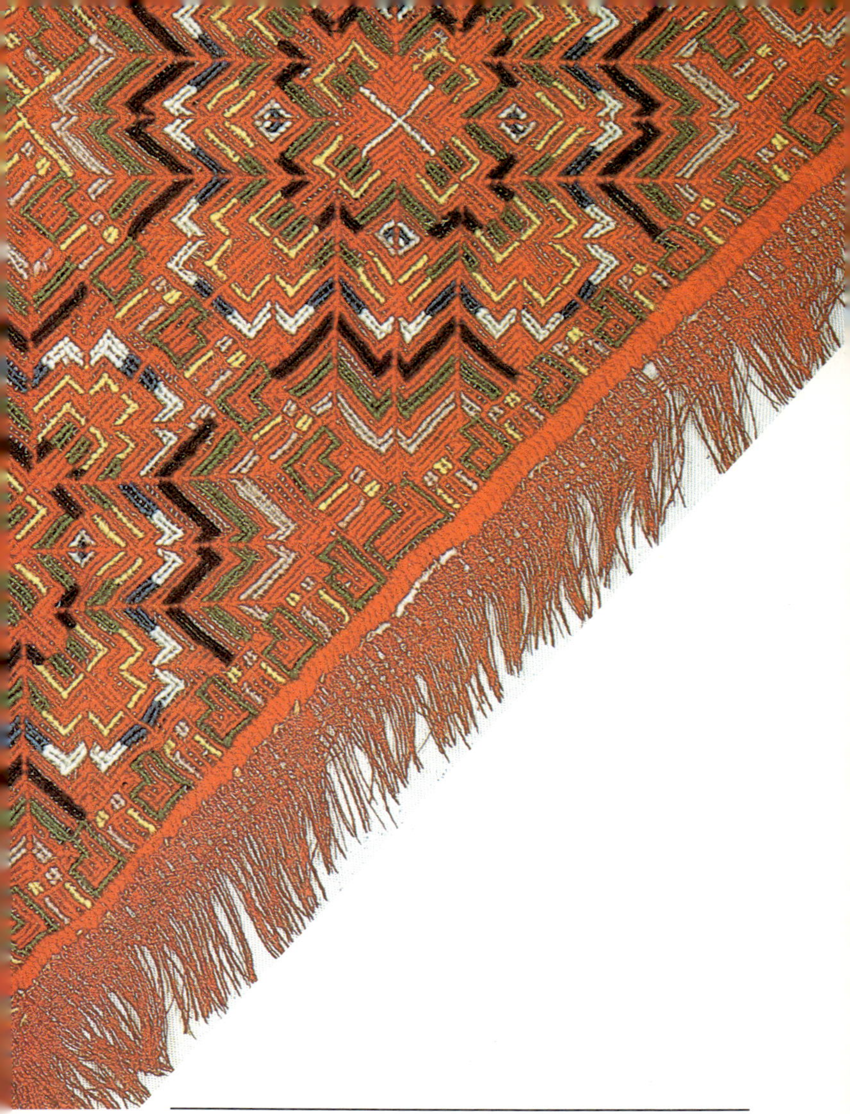

36. Stickerei-Fragment. Rhombenmuster in Seidenstickerei

\	dunkelblau	Gobelinstich	o	weiß	
–	dunkelbraun	Gobelinstich	+	dunkelbraun	
×	hellbraun	Gobelinstich	⋮	dunkelblau	Plattstich
/	zitronengelb	Gobelinstich	‖	hellbraun	Plattstich
ı	olivgrün	Gobelinstich	≀	olivgrün	Plattstich

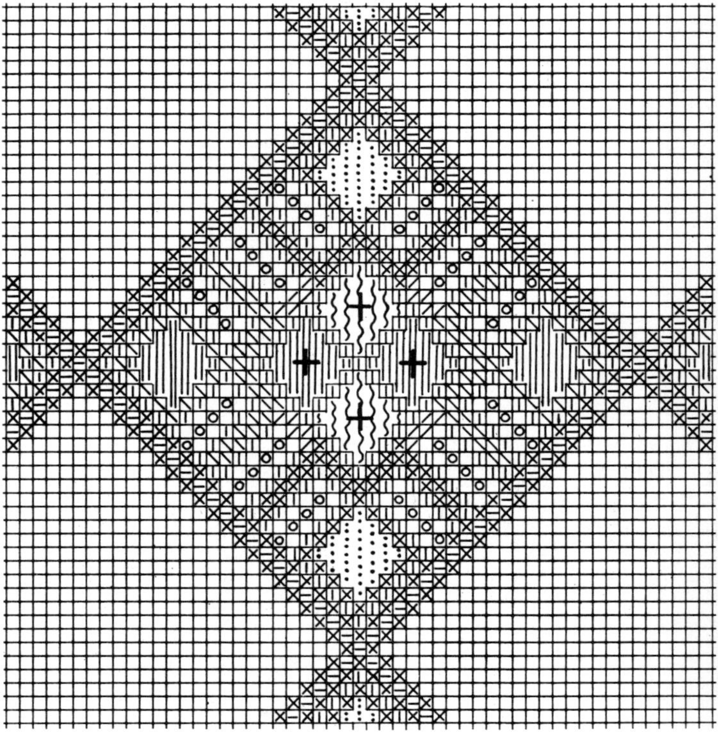

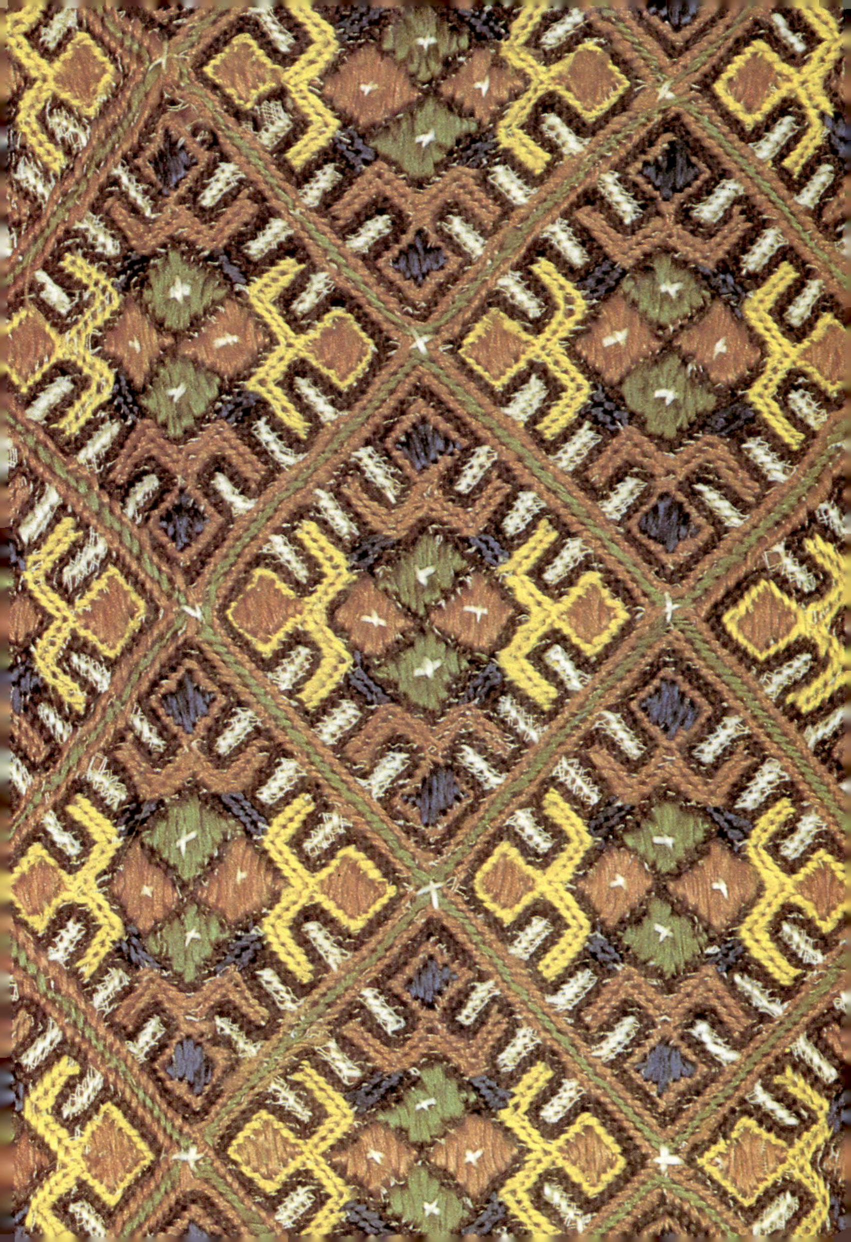

37. Haube. Rhombenmuster in Wollstickerei

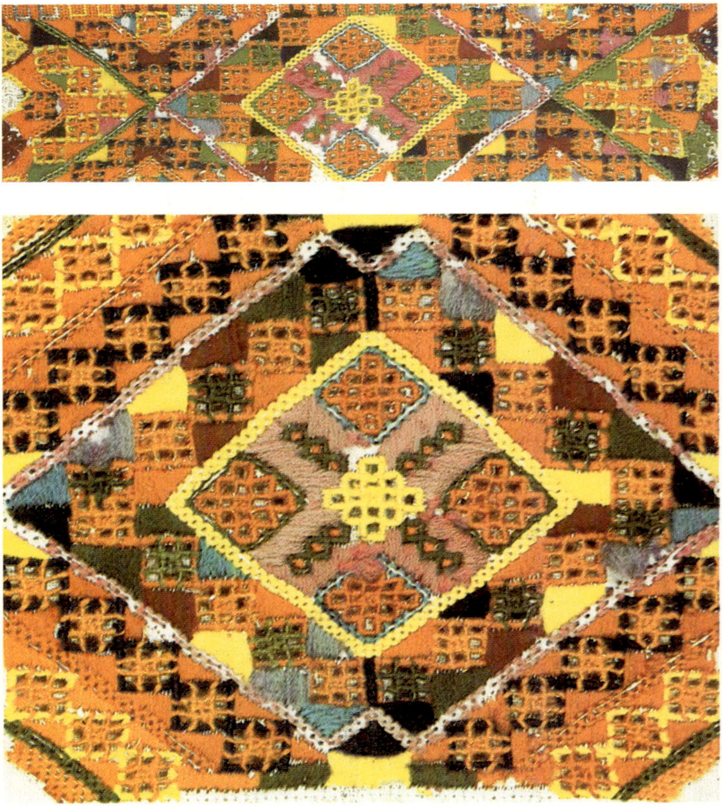

38. Haubenteil. Fächerförmige Blütenmotive in Seidenstickerei

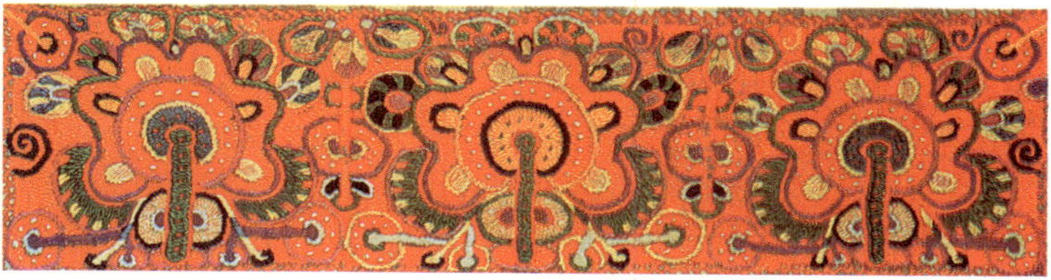

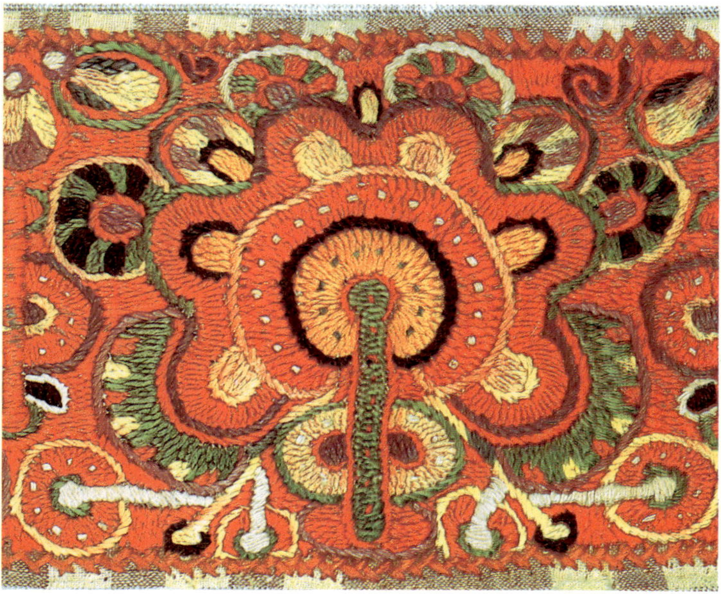

39. Haubenboden. Geometrisches Muster in Wollstickerei

Musterausschnitt von Nr. 39 (1/4 des Motivs)

Technik: slawischer Zopfstich

1 = hellbraun	3 = olivgrün
2 = rostrot	4 = schwarz

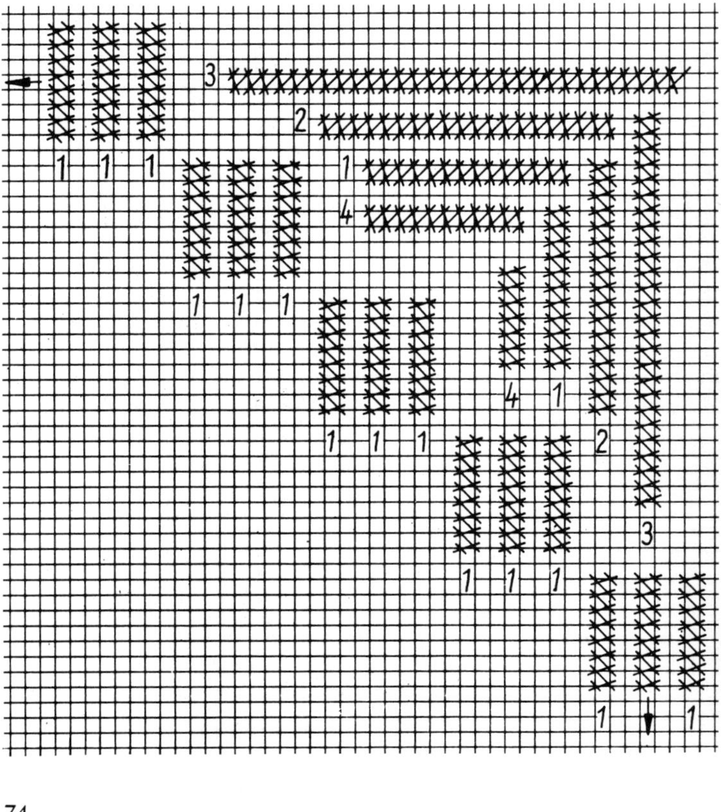

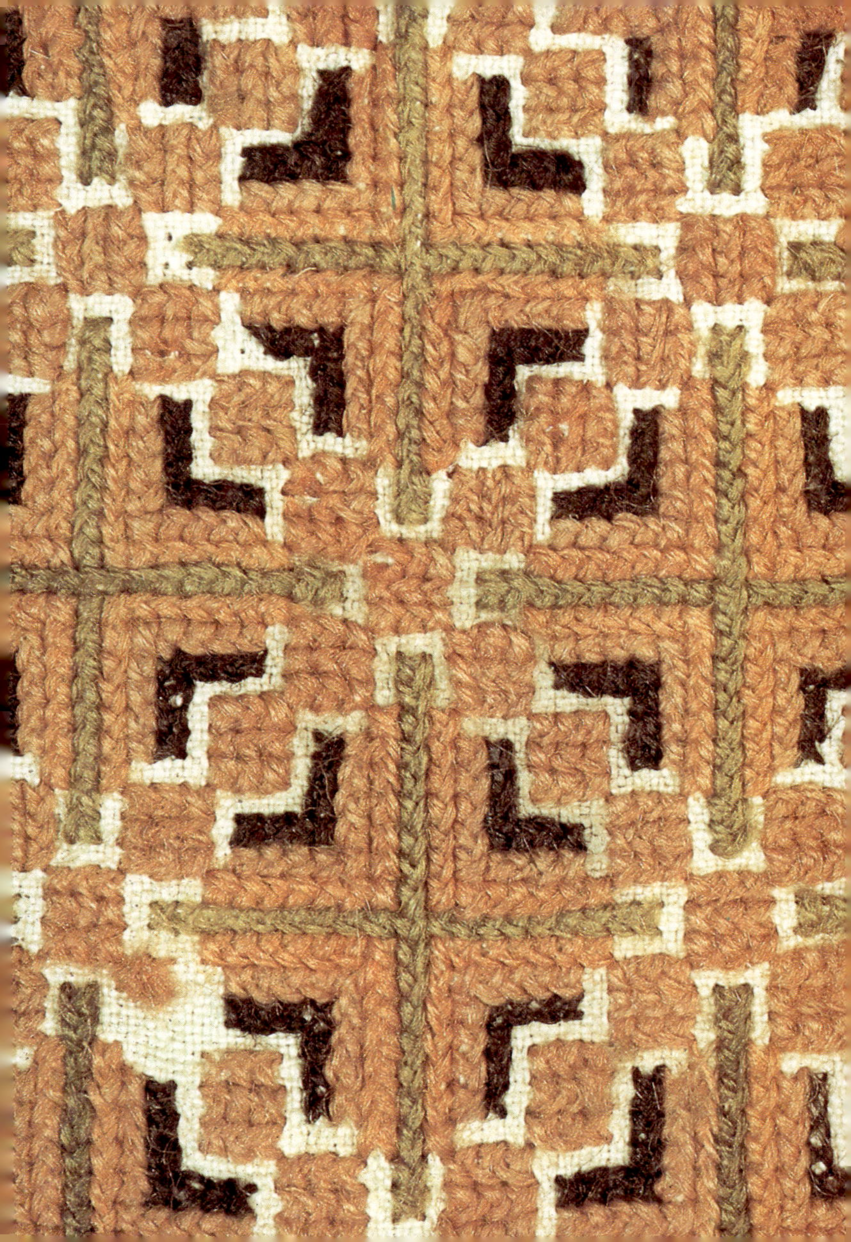

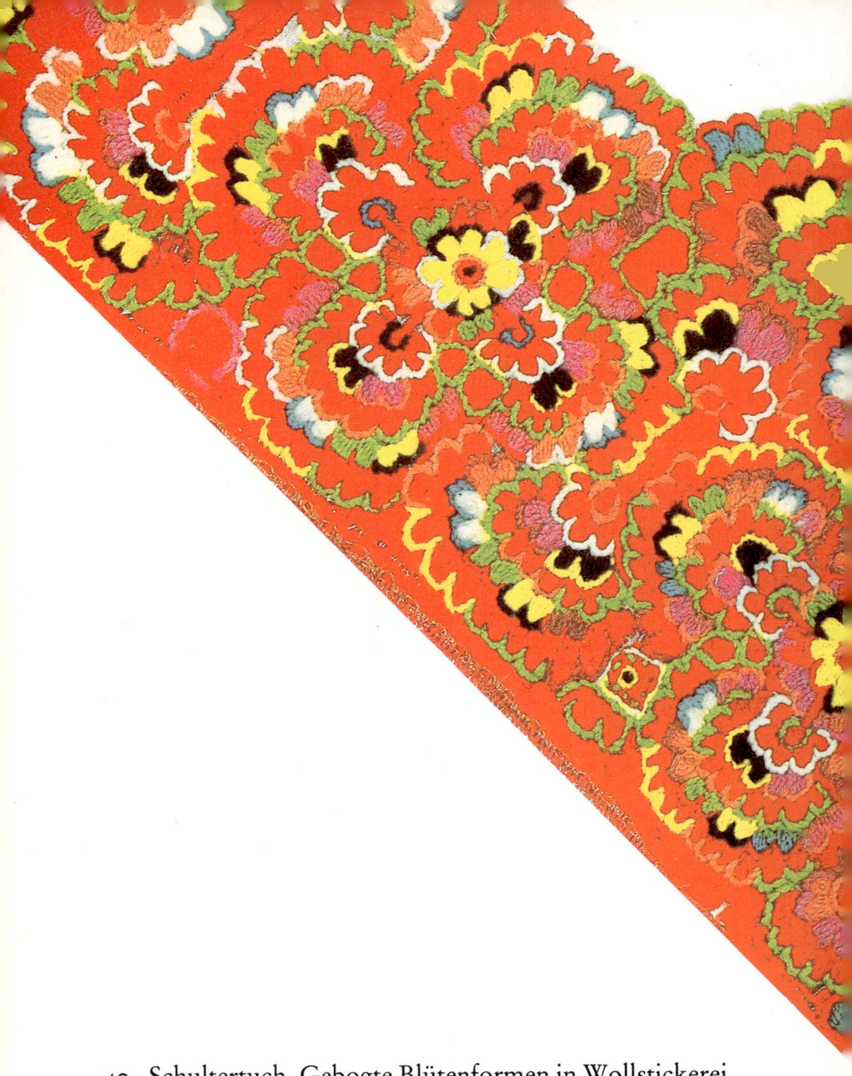

40. Schultertuch. Gebogte Blütenformen in Wollstickerei

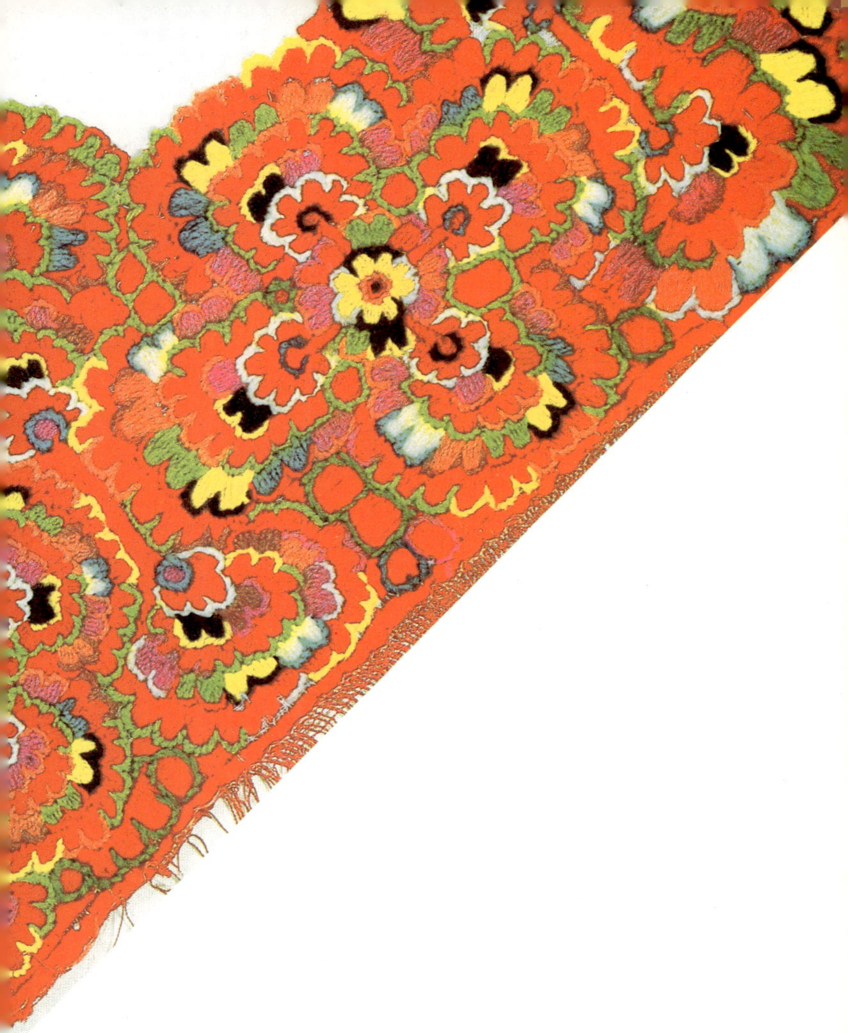

41. Schultertuch. Blüten in Seidenstickerei

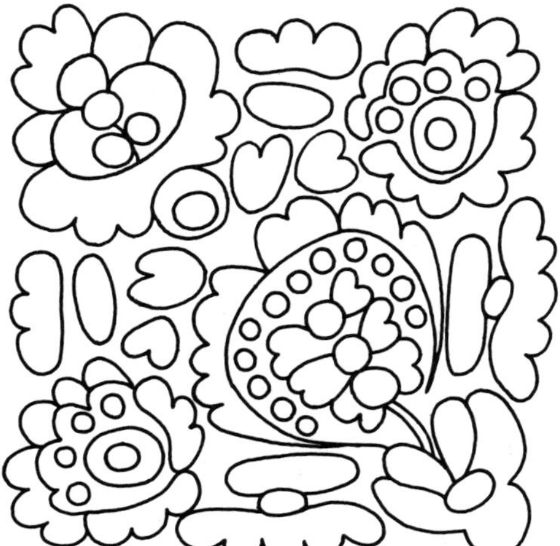

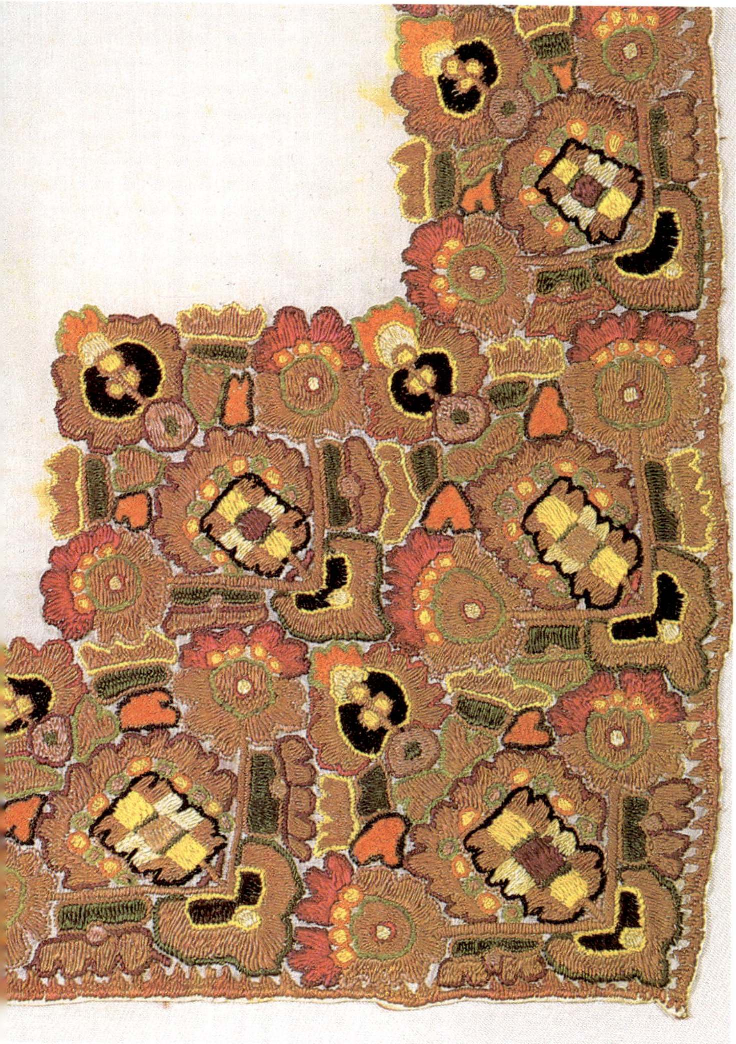

42. Schultertuch. Gebogte Blütenformen in Seidenstickerei

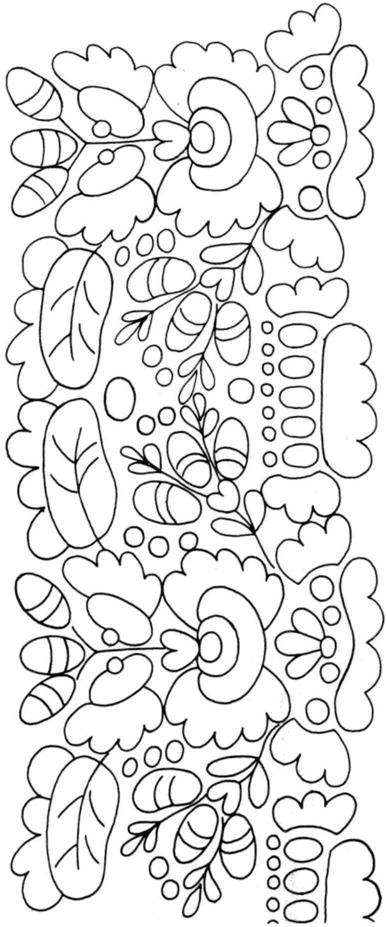

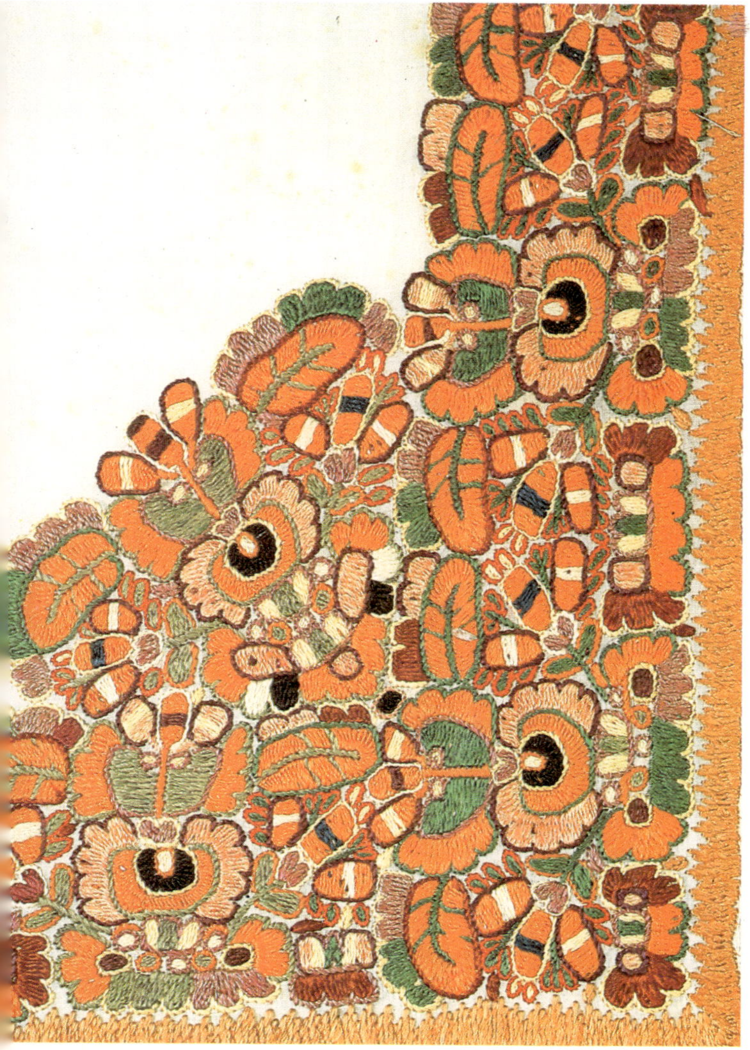

43. Schultertuch. Blütenrosetten in Baumwollstickerei

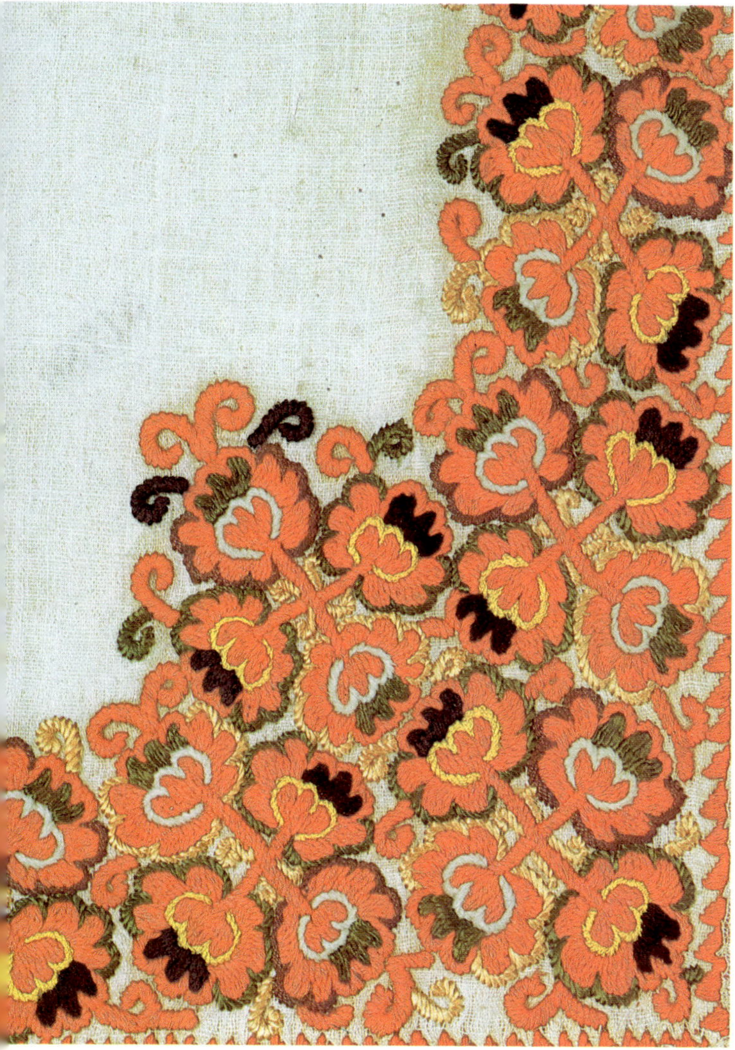

44. Haubenboden. Geometrisches Muster in Wollstickerei

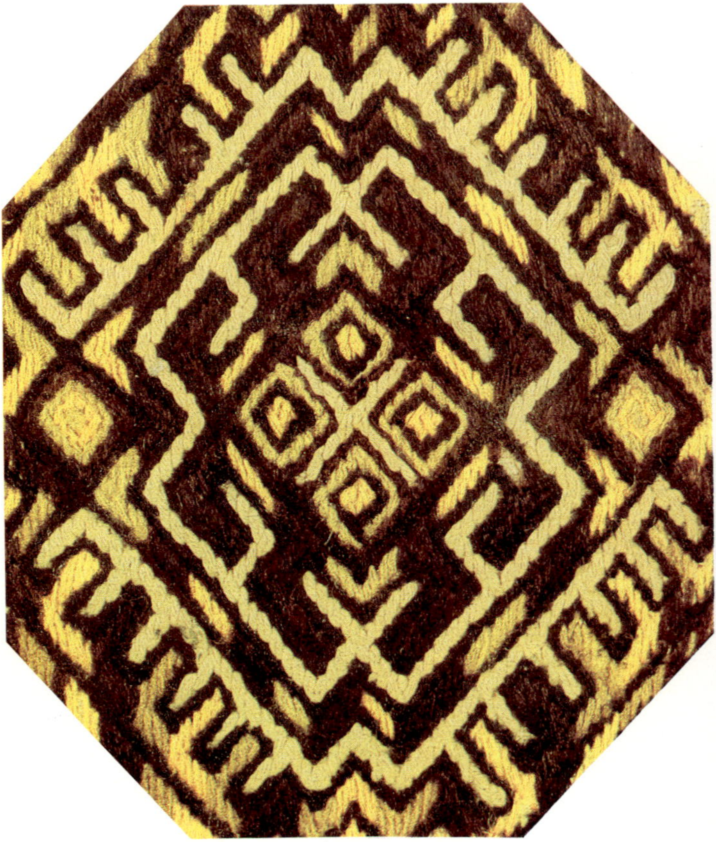

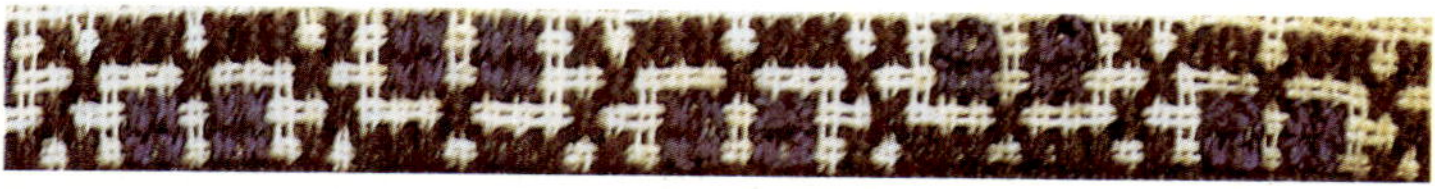

Verzeichnis der Abbildungen

Alle Orte sind in der heutigen landesüblichen Schreibweise aufgeführt.

1. Kragen (obojek) zu Festtagsblusen
Seidenstickerei (schwarz) und Baumwollstickerei (weiß) auf Baumwolle; Platt- und Stielstich, Durchbruch, Klöppelspitze. 30 cm × 50 cm
ČSSR, Südmähren, Kyjov und Umgebung, Kreis Hodonín, E. 19. Jh., Inv.-Nr. 29639
Der lose Kragen (wird in das Stehbündchen eingesteckt) ist mit streng geometrischen, stilisierten Blumen-, Rosetten- und Blattmotiven in Platt- und Stielstich bestickt. Ein schmaler Durchbruchstreifen mit Stopfstich und an den Rändern eine schwarze, weiß durchzogene Klöppelspitze bilden den Abschluß.

2. Schürzen-Fragment
Baumwollstickerei (weiß) auf Baumwollbatist; Loch- und Ausschnittstikkerei mit Spitzenfüllungen, Platt-, Ketten- und Knötchenstich. 72,5 cm × 52,5 cm
ČSSR, Mähren, Kreis Brno, 19. Jh., Inv.-Nr. 13132
Durchbrochener Bandgang mit großen Rosetten, aus denen sich langgezogene Blattzweige entwickeln. In der Ecke eine symmetrische Gruppe aus Rosetten und Blättern in Platt- und Kettenstich, Lochstickerei und Ausschneidfiguren mit Spitzenstichfüllungen. An den Rändern schmale Begleitborte von durchbrochenen Ellipsen mit Spitzenstichfüllungen. Alle Konturen der Ausschneidfiguren sind mit Knötchenstich verziert.

3. Einsegnungstuch (úvodnice)
Leinenstickerei (weiß) auf Leinen; Loch- und Ausschnittstickerei mit Spitzenstichfüllungen, Durchbruch mit Stopf- und Spitzenstich, Plattstich, geflochtene Stoff-Franse. 140 cm × 33,5 cm
ČSSR, Mähren, Haná, Tlunačov, 19. Jh., Inv.-Nr. 18616
Breite und schmale Querstreifen mit großen zwölfteiligen und kleinen sechsteiligen Rosetten, aus denen sich geschwungene Blattzweige entwikkeln, oben durchbrochenes Monogramm MND in Plattstich, Lochstickerei

und Ausschneidfiguren mit Spitzenstichfüllungen. Alle Querstreifen sind mit schmalen Kanten in Durchbruch mit Stopf- und Spitzenstich eingefaßt. Unten geflochtene Stoff-Franse.

4. Einsegnungstuch (úvodnice)
Baumwollstickerei (weiß) auf Leinen; Loch- und Ausschnittstickerei mit Spitzenstichfüllungen, Platt-, Stiel- und Hohlnahtstich, Klöppelspitze. 103 cm × 33 cm mit Spitze
ČSSR, Mähren, Haná, Tlunačov, 19. Jh., Inv.-Nr. 18614
Breiter Streifen mit symmetrischer Herzform, aus der sich stilisierte Blumen- und Blattmotive entwickeln, von zwei schmalen Kanten mit stilisierten Blüten umrahmt. Schmaler Streifen mit symmetrischer Blumengruppe in Loch- und Ausschnittstickerei mit Spitzenstichfüllungen, Platt- und Stielstich und Hohlnahteinfassung. Unten breite Klöppelspitze mit Fransen.

5. Hemdenbesatz-Fragment
Baumwollstickerei (hellbraun, weinrot, schwarz) auf Baumwolle; Platt-, Kreuz-, Stiel-, Maschen-, Sternchen- und schräger Festonstich, versetzter gerader Gobelinstich (dreifach gebündelt). 4,5 cm × 19 cm
ČSSR, Südmähren, Boršice, Kreis Uherské Hradiště, E. 19. Jh., Inv.-Nr. 32496
Wellenband mit abstrahierten Widderköpfen in Platt-, Kreuz- und Sternchenstich, der hellbraune Grund im Gobelinstich. Der Mittelstreifen wird von Festonstichen eingefaßt. Die obere Herzkante ist in Plattstich, die untere Kante in Stiel- und Maschenstich gearbeitet.

6. Hemdenbesatz-Fragment
Baumwollstickerei (goldgelb, schwarz, violett) auf Baumwolle; Bombenstichknoten, Zopf-, Platt-, Stiel-, Kästchen-, Langetten- und linker Maschenstich. 5,5 cm × 14,5 cm
ČSSR, Südmähren, Polešovice, Kreis Uherské Hradiště, E. 19. Jh., Inv.-Nr. 35059
Stark stilisierte radschlagende Pfauen zwischen abstrahiertem Tulpenbaum in Platt- und Zopfstich auf goldgelbem Grund mit Kästchenstich und Kegel im Bombenstichknoten. Das Mittelfeld wird durch goldgelbe Streifen aus linken Maschenstichen und schwarzen Flechtstichen umrahmt. Der obere Abschluß, schwarze Herzmotive, in Platt- und Langettenstich.

7. Ärmelstickerei
Seidenstickerei (dunkelrot, zitronengelb, dunkelgrün, weiß, schwarz) auf Baumwolle; schräger Plattstich, persische Kreuznaht. 13 cm × 46 cm
ČSSR, Mittelslowakei, Rybany, E. 19. Jh., Inv.-Nr. 32059
Mittelstreifen aus Ranken mit Sechspaßrosetten, Tulpen und Vogelmotiv. Umrahmt von symmetrisch angeordneter Gruppe aus stilisierten Blumen und Vogelpaar.

8. Hemdenbesatz
Baumwollstickerei (orange, schwarz, mittelblau, grasgrün, korallenrot, weiß) auf Baumwolle; slawischer Doppelschlingknoten, Platt-, Zopf-, Stiel-, Kreuz-, Langetten- und schräger Festonstich, Durchbruch. 7 cm × 33 cm
ČSSR, Südmähren, Polešovice, Kreis Uherské Hradiště, E. 19. Jh., Inv.-Nr. 29609
Das Mittelfeld ist mit sich wiederholenden dreiteiligen symmetrischen Tulpenmotiven in Platt- und Kreuzstich gearbeitet. Der durchbrochene Grund besteht überwiegend aus slawischen Doppelschlingknoten. Der Mittelstreifen wird von einer einfachen Durchbruchkante mit Stopfstich und Festonstich umrahmt. Eine Reihe schwarze Herzmotive in Langetten- und Blattstich bildet den oberen Rand.

9. Hemdenbesatz-Fragment
Baumwollstickerei (goldgelb, schwarz, violett, zinnoberrot, grasgrün) auf Baumwolle; Bombenstichknoten, Platt-, Zopf-, Kreuz-, Stepp-, Stiel-, Kästchen-, Langetten- und schräger Festonstich. 5,5 cm × 11,5 cm
ČSSR, Südmähren, Polešovice, Kreis Uherské Hradiště, E. 19. Jh., Inv.-Nr. 35064
Das Mittelfeld mit einer dreiteiligen stilisierten Tulpengruppe ist in Plattstich mit Stepp- und Stielstichkonturen gearbeitet, der Grund mit Kegeln in Bombenstichknoten und mit Kästchenstich gefüllt und durch Festonstich-Streifen eingefaßt. Der obere Rand besteht aus einer Reihe schwarzer Herzmotive in Langetten- und Kreuzstich.

10. Hemdenbesatz-Fragment
Baumwollstickerei (senfgelb, schwarz, violett, weiß, mittelblau, olivgrün) auf Baumwolle; slawischer Doppelschlingknoten, Zopf-, Kreuz-, Platt-, Langetten- und linker Maschenstich. 5,5 cm × 27,5 cm
ČSSR, Südmähren, Polešovice, Kreis Uherské Hradiště, E. 19. Jh., Inv.-Nr. 29616

Symmetrische Tulpenbaumgruppe mit zwei größeren radschlagenden Pfauen in Kreuz- und Plattstich, mit schwarzer Kontur in Kreuzstich. Der Grund durchbruchartig in slawischen Doppelschlingknoten, von Streifen aus gelben linken Maschenstichen und schwarzen Zopfstichen eingefaßt. Der obere Rand aus schwarzen Herzmotiven in Platt- und Langettenstich.

11. Hemdenbesatz
Baumwollstickerei (goldgelb, schwarz, grasgrün, mittelblau, korallenrot, hellgelb) auf Baumwolle; slawischer Doppelschlingknoten, Zopf-, Platt-, Langetten- und schräger Festonstich. 7 cm × 26,5 cm
ČSSR, Südmähren, Polešovice, Kreis Uherské Hradiště, E. 19. Jh., Inv.-Nr. 29612
Symmetrisch angeordnete Vögel, dazwischen das Motiv der stark abstrahierten Tulpe in Platt- und Zopfstich. Der durchbrochene Grund ist im slawischen Doppelschlingknoten gearbeitet und mit Feston- und Zopfstichreihen eingefaßt. Die untere Begleitborte mit kleinen Rosetten, die obere mit Herzmotiven in Platt- und Langettenstich.

12. Hemdenbesatz
Baumwollstickerei (senfgelb, schwarz, mittelblau, korallenrot, grasgrün) auf Baumwolle; slawischer Doppelschlingknoten, Zopf-, Platt-, Stiel-, Langetten- und schräger Festonstich. 6 cm × 18 cm
ČSSR, Südmähren, Polešovice, Kreis Uherské Hradiště, E. 19. Jh., Inv.-Nr. 28455
Ornamentstreifen mit dem Motiv eines zu bloßem Schrägstrich abstrahierten Vogels abwechselnd mit einer streng stilisierten Tulpe in Platt- und Zopfstich. Der Grund ist mit slawischen Doppelschlingknoten durchbruchartig bestickt. Die obere Kante zeigt das bekannte schwarze Herzmotiv, die untere Begleitborte kleine geometrische Motive in Platt-, Zopf- und Langettenstich.

13. Hemdenbesatz-Fragment
Baumwollstickerei (dunkelorange, schwarz, hellgrün, mittelblau, beige, weiß, dunkelrot) auf Baumwolle; slawischer Doppelschlingknoten, Platt-, Stiel-, Kreuz- und schräger Festonstich. 5,8 cm × 14,5 cm
ČSSR, Südmähren, Hluk, Kreis Uherské Hradiště, E. 19. Jh., Inv.-Nr. 32468
Im Mittelfeld symmetrisch angeordnete bunte Rosetten auf schwarzem Feld in Platt- und Stielstich, der Grund in slawischen Doppelschlingknoten, mit Festonstichen eingefaßt. Das Herzmotiv- und das Wellenband sind in Platt-, Stiel- und Kreuzstich ausgeführt.

14. Hemdenbesatz-Fragment
Baumwollstickerei (schwarz) auf Baumwolle; einseitiger Kästchenstich. 7 cm × 16 cm
ČSSR, Südmähren, Hradčovice, Kreis Uherské Hradiště, A. 20. Jh., Inv.-Nr. 32485
Ornamentstreifen mit geometrischen Rosetten zwischen Gang aus Ringen und Voluten, an den Längsseiten verschiedene kleine Begleitborten.

15. Hemdenbesatz-Fragment
Wollstickerei (zitronengelb, olivgrün, hellblau, schwarz, korallenrot) und Baumwollstickerei (creme) auf Baumwolle; Kreuz-, Zopf-, Platt-, Oka-, Langetten- und schräger Festonstich. 5,5 cm × 19 cm
ČSSR, Südmähren, Hluk, Kreis Uherské Hradiště, E. 19. Jh., Inv.-Nr. 31659
Vierteilige Rosetten zwischen geometrischen Tulpen und Nelken in Kreuzstichstickerei, umrahmt von Streifen in Zopf- und Festonstich. Am oberen Rand Herzmotive in Kreuz-, Oka- und Langettenstich.

16. Hemdenbesatz-Fragment
Baumwollstickerei (goldgelb, korallenrot, dunkelblau, schwarz) auf Kongreßstoff; Kreuz-, Zopf- und linker Maschenstich, versetzter gerader Gobelinstich (dreifach gebündelt). 6,5 cm × 21 cm
ČSSR, Südmähren, Hluk, Kreis Uherské Hradiště, E. 19. Jh., Inv.-Nr. 29608
Laufende Blumenranke mit Rosettenblumen und Blättern in Kreuzstichstickerei, eingefaßt durch Streifen im Zopf- und linken Maschenstich. Oben Herzmotivkante in Kreuz- und Plattstich, unten kleiner Rosettenrand in Kreuz- und Zopfstich.

17. Hemdenbesatz-Fragment
Wollstickerei (zitronengelb, schwarz, türkis, moosgrün, weiß, korallenrot) auf Baumwolle; Kreuz-, Zopf-, Platt-, Langetten- und linker Maschenstich. 4,5 cm × 15,5 cm
ČSSR, Südmähren, Hluk, Kreis Uherské Hradiště, E. 19. Jh., Inv.-Nr. 32462
Symmetrische Blume zwischen streng stilisierten Vögeln in Kreuzstichstickerei, von linken Maschen- und Zopfstichstreifen umgeben. Die Herzmotivkante in Platt- und Langettenstich.

18. Hemdenbesatz-Fragment
Baumwollstickerei (schwarz) auf Leinen; Kreuzstich. 9,5 cm × 19,5 cm
ČSSR, Südmähren, Drslavec, Kreis Uherské Hradiště, A. 20. Jh., Inv.-Nr. 32491
Mittelstreifen mit großen und kleinen Rosetten in ovaler Umrahmung. Oben und unten verschiedenartig gemusterte Begleitborten.

19. Hemdenbesatz
Baumwollstickerei (hellbraun, schwarz, hellgelb, mittelblau) auf Baumwolle; slawischer Doppelschlingknoten, Zopf-, Kreuz-, Platt-, Knopfloch-, Langetten- und schräger Festonstich. 5,5 cm × 34,5 cm
ČSSR, Südmähren, Polešovice, Kreis Uherské Hradiště, E. 19. Jh., Inv.-Nr. 31671
Vierteilige Sternrosetten und symmetrische Blumengruppen in Plattstich, der Grund ist mit slawischen Doppelschlingknoten durchbruchartig bestickt und mit Festonstich eingefaßt. Den oberen Abschluß bildet die typische schwarze Herzmotivkante in Platt- und Zopfstich.

20. Hemdenbesatz
Baumwollstickerei (dunkel- und weinrot, schwarz) auf Baumwolle; slawischer Doppelschlingknoten, Zopf-, Platt-, Langetten- und schräger Festonstich, Durchbruch. 5,8 cm × 33 cm
ČSSR, Südmähren, Kunovice, Kreis Uherské Hradiště, E. 19. Jh., Inv.-Nr. 29629
Mittelfeld mit sich wiederholenden achtzackigen Sternen und Quadratrosetten in Platt- und Zopfstich. Der durchbrochene Grund ist mit sehr fest angezogenen slawischen Doppelschlingknoten gearbeitet, der Mittelstreifen wird von einer einfachen Durchbruchkante mit Stopfstich und Festonstich umrahmt. Als oberer Rand eine Reihe Herzmotive in Platt- und Langettenstich.

21. Hemdenbesatz-Fragment
Baumwollstickerei (weiß, schwarz, hellgelb, korallenrot, mittelblau, hellrosa) auf Baumwolle; slawischer Doppelschlingknoten, Kreuz-, Zopf-, Langetten-, linker Maschen- und schräger Festonstich, Durchbruch. 9 cm × 20,5 cm
ČSSR, Südmähren, Vlčnov, Kreis Uherské Hradiště, A. 20. Jh., Inv.-Nr. 35021
Ornamentstreifen mit auf Zweig sitzenden Vögeln in Kreuzstichstickerei, Grund im slawischen Doppelschlingknoten. Die Begleitborten sind in

Streifen geordnet und in Zopf-, Langetten-, linkem Maschen- und Festonstich und im einfachen Durchbruch gearbeitet.

22. Hemdenbesatz-Fragment
Baumwollstickerei (schwarz, weiß) auf Baumwolle; versetzter gerader Gobelinstich (dreifach gebündelt), Platt-, Stiel-, Linien-, Knopfloch- und schräger Festonstich, persische Kreuznaht. 5 cm × 19,5 cm
ČSSR, Südmähren, Nivnice oder Dolni Němči, Kreis Uherské Hradiště, E. 19. Jh., Inv.-Nr. 35 057
Ornamentstreifen aus ovalen Rosetten und stilisierten Bäumchen in Platt- und Kästchenstich. Der Grund im Gobelinstich, begleitet durch weiße Streifen im Festonstich. Oben geometrisches Ornamentkäntchen im Kästchenstich.

23. Hemdenbesatz-Fragment
Baumwollstickerei (schwarz, elfenbein, hellgelb, korallenrot, weiß) auf Baumwolle; Platt-, Kreuz-, Langetten-, Knopfloch- und schräger Festonstich. 4 cm × 19,5 cm
ČSSR, Südmähren, Slavkov, Kreis Uherské Hradiště, E. 19. Jh., Inv.-Nr. 35 044
Mittelfeld mit viereckiger Rosette und Bäumchen mit S-Formen in Platt- und Kreuzstich, umrahmt von Festonstich-Reihen. Der obere Abschluß besteht aus einer Reihe schwarzer Herzmotive in Plattstich.

24. Hemdenbesatz-Fragment
Baumwollstickerei (schwarz, weiß, rosa) auf Leinen; Platt-, Stiel-, Kreuz- und Langettenstich, persische Kreuznaht. 24 cm × 20 cm
ČSSR, Südmähren, Korytna, Kreis Uherské Hradiště, E. 19. Jh., Inv.-Nr. 35 049
Vierteilige Rosette und stilisierter Baum mit S-Form in Platt-, Stiel- und Kreuzstich. Der weiße Einfassungsstreifen (oben und unten) im schrägen Festonstich ist fast vollständig abgeschabt. Die obere Herzmotivkante in Langettenstich, unten eine Reihe persische Kreuznaht.

25. Hemdenbesatz
Baumwollstickerei (korallenrot, schwarz, gelb, hellblau, hellrosa, weiß) auf Baumwolle; Zopf-, Kreuz-, Platt-, Stepp-, Maschen- und Federstich. 8,5 cm × 13 cm
ČSSR, Südmähren, Lopenik, Kreis Uherské Hradiště, E. 19. Jh., Inv.-Nr. 35 040

Breiter Streifen mit Sternrosetten, dazwischen gegenständige Herzmotive, oben Tulpenreihe, in Kreuz-, Zopf- und Steppstich. Umrahmt von farbigen Zackenstreifen in Platt-, Zopf-, Maschen- und Federstich.

26. Haubenboden
Wollstickerei (zinnoberrot) und Seidenstickerei (mittelblau, blau- und grasgrün, hellgelb) auf Baumwolle; Platt- und Stielstich. 16,8 cm × 16,8 cm
ČSSR, Westslowakei, Pieštany, E. 19. Jh., Inv.-Nr. 32048
Haubenboden mit Rosetten- und Herzmotiven in der Mitte und an den Ecken, abstrahierte Blüten als Füllung des Grundes.

27. Achselstreifen
Baumwollstickerei (schwarz, weiß, beige) auf Baumwolle; Platt-, Stiel-, Ketten-, Oka- und Langettenstich. 6 cm × 13 cm
ČSSR, Westslowakei, Bošáča, Kreis Trenčin, um 1900, Inv.-Nr. 35012
Der Schulterbesatz ist mit zwei vierteiligen Rosetten und drei Tulpengruppen in Platt-, Stiel-, Ketten-, Oka- und Langettenstich bestickt. Typisch für Bošáča sind die kleinen Rosetten- und Tulpenmotive, immer mit Stielstich konturiert.

28. Hemdenbesatz-Garnitur für Mädchen
Baumwollstickerei (korallenrot, gelb, weiß) auf Baumwolle; Platt-, Stiel-, Ketten- und Langettenstich. a 2 cm × 31 cm, b + c 6 cm × 13 cm
ČSSR, Westslowakei, Bošáča, Kreis Trenčin, um 1900, Inv.-Nr. 32050 a – c
Das kurze Schulterhemd (rŭkávce) der Mädchen von Bošáča wird lose über dem Miederunterrock getragen. Das schmale Halsbündchen ist mit kleinen Rosetten und Kelchformen, die Ärmelbesätze sind mit je zwei vierteiligen Rosetten und stilisierten Tulpenformen in Platt-, Stiel- und Kettenstich bestickt, die Zackenkanten in Langettenstich.

29. Ärmelstickerei
Seidenstickerei (schwarz, zinnoberrot, goldgelb, violett, moosgrün, weiß) auf Baumwolle; Platt- und Kettenstich. 13,4 cm × 14,8 cm
ČSSR, Westslowakei, Šoporňa, A. 20. Jh., Inv.-Nr. 32047
Ärmelbesatz mit stilisierten, in Reihen verteilten und geometrischen Pflanzen-, Rosetten- und Herzmotiven (»Schmetterlinge«).

30. Stirnteil einer Haube (»čepec«)
Baumwollstickerei (goldgelb, grasgrün, hellrot) auf Baumwolle; Platt- und

Lochstickerei, Durchbruch, Stepp- und Knötchenstich, Klöppelspitzeneinsatz, 18 cm × 36 cm
ČSSR, Westslowakei, Umgebung von Pieštany, A. 20. Jh., Inv.-Nr. 32057
Zwei reich gestickte Eckstücke mit stilisierten Blumenzweigen und Rosetten zwischen durchbrochenen Begleitborten in Platt- und Lochstickerei. Das Stirnteil ist durch einen handgeklöppelten Formenschlag-Spitzeneinsatz (mrěžka) unterbrochen.

31. Ärmelstickerei
Wollstickerei (beige) und Seidenstickerei (hellgelb, stahlblau) auf Baumwolle; Platt- und Stielstich. 12,2 cm × 12,2 cm
ČSSR, Westslowakei, Umgebung von Šoporňa, A. 20. Jh., Inv.-Nr. 32046
Ärmelstickerei einer einfacheren Festkleidung mit dreireihigen stilisierten Pflanzen- und Rosettenmotiven in Platt- und Stielstich.

32. Brustlatz eines Festtags-Frauenhemdes
Seidenstickerei (gelb, schwarz, hellbraun, tintenblau) auf Hausmacherleinen; Gobelin-, Flach- und Knötchenstich. 29 cm × 26,5 cm
SFR Jugoslawien, Süd-Dalmatien, Canaletal bei Ragusa, E. 19. Jh., Inv.-Nr. 29937
Mittelstreifen mit vierteiliger Blattrosette und Astwerk auf gelbem Grund, die beiden seitlichen Streifen mit Rhombenmuster aus Streifen mit vierfacher hellbrauner Linie, überwiegend Gobelin- und Flachstichstickerei. Im Rhombenmuster Knötchenstich, der z.T. schnurartig angeordnet ist. Diese Technik ist typisch für das Canaletal in Süd-Dalmatien. In der Mitte unten fünf mehrfarbige Seidenquasten, der Brustlatz ist von einer gelben geflochtenen Seidenborte eingefaßt. Eine Variante dazu ist im Besitz des Museums für Österreichische Volkskunde, Wien, Inv.-Nr. 3993.

33. Brustlatz eines Festtags-Frauenhemdes
Seidenstickerei (weinrot, gelb, dunkelgrün, schwarzbraun) auf Hausmacherleinen; gerader Stich, Gobelinstich. 30 cm × 25,5 cm
SFR Jugoslawien, Süd-Dalmatien, E. 19. Jh., Inv.-Nr. 29940
Streifen mit auf der Spitze stehenden Quadraten, die beiden schmalen Mittelstreifen mit geometrischem Balkenmotiv. Unten in der Mitte kleine Seidenquaste, der Rand ist von einer geflochtenen Seidenborte eingefaßt.

34. Brustlatz eines Festtags-Frauenhemdes
Baumwollstickerei (rost, blau, grün, gelb) und Goldfaden auf Leinen; Kelim-, Holbein-, Ketten- und Plattstich. 37 cm × 15 cm

SFR Jugoslawien, Herzegowina, E. 19. Jh., Inv.-Nr. 29934
Die Mittelstreifen sind mit einer Rosettenranke und die seitlichen Streifen mit einem streng stilisierten Tiermotiv, ein Bäumchen auf dem Rücken, in Kelim- und Holbeinstich bestickt. Die Rosetten sind in Goldfaden und farbiger Baumwolle in Plattstich gearbeitet. Der Schlitz in der Mitte ist mit einer geflochtenen Borte und mit kleinen Quasten besetzt.

35. Schultertuch
Wollstickerei (hellrot, olivgrün, hellgelb, hellblau, weiß, schwarz) auf Baumwollbatist; einfacher Gobelinstich. 72 cm × 84 cm
SFR Jugoslawien, Kroatien, E. 19. Jh., Inv.-Nr. 31784
Zwei Seiten sind mit sich stets wiederholenden vierteiligen, geometrischen Rosetten rechtwinklig bestickt. An den Rändern rote Seidenfranse.

36. Stickerei-Fragment
Seidenstickerei (hellbraun, dunkelblau, zitronengelb, weiß, olivgrün, dunkelbraun) auf Baumwollgaze; versetzter gerader Gobelinstich und Plattstich. 15 cm × 36,5 cm
SFR Jugoslawien, Kroatien, E. 19. Jh., Inv.-Nr. 32073
Streifen mit sich wiederholendem Rhombenmuster, das schachbrettartig angeordnet ist.

37. Haube (zweiteilig)
Wollstickerei (orange, zitronengelb, flieder, olivgrün, tintenblau, weinrot, grau, hellblau) auf Hausmacherleinen; Doppeldurchbruch, Gobelin-, linker Maschenstich und gerader Stich. 42 cm × 33 cm
SFR Jugoslawien, Kroatien, E. 19. Jh., Inv.-Nr. 31804
In der Mitte des Haubenbodens große Rhombe mit violetter Kreuzform und farbigen Dreiecken in Plattstich auf durchbrochenem Grund (Gitterdurchbruch). Der Haubenrand ist in gleicher Weise gearbeitet und an drei Seiten mit breiter Maschinenspitze besetzt.

38. Haubenteil
Seidenstickerei (korallenrot, dunkelgrün, violett, flieder, hellgelb, rosa, weiß) auf Baumwolle; syrmische Stickerei, Stiel- und Knötchenstich, persische Kreuznaht, 8 cm × 32 cm
SFR Jugoslawien, Syrmien, 2. H. 19. Jh., Inv.-Nr. 32071
Drei Gruppen mit je einer großen fächerähnlichen Blume, aus der sich kleine rosettenförmige Blüten entwickeln. Die Blüten und Rosetten sind mit Stielstich konturiert.

39. Haubenboden
Wollstickerei (rost, hellbraun, schwarz, olivgrün) auf Hausmacherleinen; slawischer Zopfstich. 14 cm × 13,5 cm
SFR Jugoslawien, Slowenien, 2. H. 19. Jh., Inv.-Nr. 10100
Kreuzförmige Rosetten zwischen schrägem Gitterwerk aus kleinen Quadraten.

40. Schultertuch
Wollstickerei (korallenrot, weiß, flieder, oliv, zitronengelb, hellblau, schwarz, rosa) auf Baumwolle; syrmische Stickerei, Stielstich. 86 cm × 88 cm ohne Franse
SFR Jugoslawien, Syrmien, 2. H. 19. Jh., Inv.-Nr. 31779
Aneinandergereihte vierteilige Rosetten, die aus gebogten Blatt- und Blütenformen gebildet sind. Alle Konturen sind mit Stielstich vielfarbig eingefaßt.

41. Schultertuch
Seidenstickerei (violett, flieder, oliv, moosgrün, hell- und goldgelb, orange) auf Baumwollbatist; syrmische Stickerei, Platt- und Stielstich. 84 cm × 81 cm
SFR Jugoslawien, Syrmien, A. 20. Jh., Inv.-Nr. 32089
An zwei Seiten mit schrägen stilisierten Blumengruppen, die quadratisch und dicht aneinander gestellt sind, in syrmischer Stickerei mit Stielstichkonturen bestickt.

42. Schultertuch
Seidenstickerei (korallenrot, weinrot, moosgrün, hellbraun, flieder, hellgelb, elfenbein, schwarz) auf Baumwollbatist; syrmische Stickerei, Stielstich. 100 cm × 100 cm
SFR Jugoslawien, Syrmien, A. 20. Jh., Inv.-Nr. 31640
Dicht aneinander gestellte stilisierte Blumengruppen, die aus den typischen gebogten Blütenformen und großen Blättern bestehen, in syrmischer Stickerei mit Stielstichkonturen. Breite gezackte Abschlußkante und schmale Maschinenspitze als Randabschluß.

43. Schultertuch
Baumwollstickerei (türkischrot), Wollstickerei (weiß, schwarz, tintenblau) und Seidenstickerei (beige, gelb, moosgrün) auf Baumwolle; syrmische Stickerei, Platt- und Stielstich. 97 cm × 94 cm
SFR Jugoslawien, Syrmien, um 1900, Inv.-Nr. 31780

Zwei Seiten mit sich wiederholenden Rosetten, die aus vier kleinen Blüten bestehen, in türkischroter Baumwolle mit farbigen Effekten in syrmischer Stickerei. Die Blüten sind mit Stielstichkonturen vielfarbig umrandet. Als Abschluß eine Zackenkante in Plattstich und eine Maschinenspitze.

44. Haubenboden
Wollstickerei (dunkelblau, gelb, olivgrün) und Baumwollstickerei (weiß) auf Hausmacherleinen; gerader Stich, Stielstich. 13 cm × 12 cm
SFR Jugoslawien, Kroatien, 2. H. 19. Jh., Inv.-Nr. 10103
Achteckige Form, in der Mitte vierteilige Rosette, die von weißen linearen Ornamenten im Stielstich umrahmt wird.

Quellen

1. Illustrierte Frauen-Zeitung, Ausgabe der Modenwelt mit Unterhaltungsblatt, Berlin, Jg. 1891
2. Wiener Mode 1910
3. E. Stiasny: Stickerei-Techniken für Schule und Praxis, Wien 1910
4. M. Haberlandt: Österreichische Volkskunst, 2 Bd., Wien 1911
5. A. Haberlandt: Volkskunst der Balkanländer, Wien 1919
6. B. Schwetter: Beyers Lehrbuch der weiblichen Handarbeiten, Bd. II., Leipzig 1937
7. K. Plicka: Die Slowakei, Prag 1953
8. Slowakische Volkskunst, Bratislava 1953
9. A. Václavik/J. Orel: Volkskunst und Gewebe, Prag 1956
10. F. Schöner: Stickerei-Fachbuch der Hand- und Maschinenstickerei, Leipzig 1963
11. R. Boser/I. Müller: Systematik der Stichformen, Basel 1968, Katalog Museum für Völkerkunde
12. V. Hasalová/J. Vajdiš: Die Volkskunst in der Tschechoslowakei, Prag 1974
13. H. Nixdorff: Europäische Volkstrachten, I. Tschechoslowakei, Berlin/West 1977, Katalog Museum für Völkerkunde

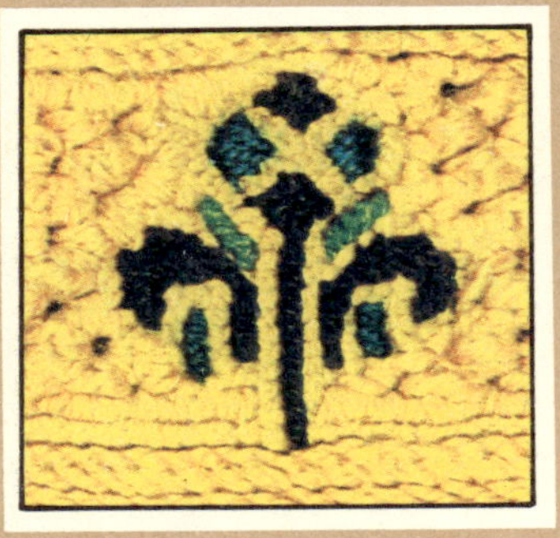